유럽의 황금기

Northern Europe

AD 1500 - 1675

타임라이프 세계사 13 _ 북유럽

유럽의 황금기

Northern Europe

AD 1500 - 1675

타임라이프 북스 지음 | 이한중 옮김

:: 차례

종교개혁, 반란, 부(富)
―유럽의 개관과 연표

1517년에 마르틴 루터라는 별로 알려지지 않은 독일 성직자가 로마 가톨릭 교회의 특정 관행에 대한 학술적인 논쟁을 전개했다. 오랫동안 유럽에서 가장 영향력 있는 기관으로 자리잡아온 교회는 위계질서에서 생기는 부패로 진통을 앓고 있었으며, 날이 갈수록 개혁자들은 변화를 요구하고 있었다. 그런데 루터 스스로도 상상하지 못했을 만큼 그의 행동은 독일 전역으로 번져나간 종교적·정치적·사회적 반란의 불기둥을 촉발하게 했다. 더군다나 이 불기둥은 네덜란드를 거쳐 유럽 전역으로까지 번져나갔던 것이다. 1518년에 가톨릭 교회는 루터의 비판을 잠재우려는 움직임을 보였으나, 이는 다시 반발을 일으켜 오히려 불길에 부채질을 하

는 꼴이 되고 말았다. 이러한 대화재의 결과, 다양한 종파(재침례, 메노나이트, 칼뱅주의, 위그노 등, 개신교라는 이름으로 묶을 수 있는 여러 종파가 싹트고 번성했다)가 새로 탄생했을 뿐만 아니라, 상업과 문화의 황금기가 도래하기 시작했다.

이탈리아 르네상스의 대담한 사상과 이상이 한동안 북쪽으로 전파되었기 때문에, 독일과 '낮은 땅' 네덜란드는 그런 혁명을 위한 분위기가 무르익어 있었다. 이 두 나라는 종교적인 전선에서 에라스무스 같은 사람이 제안한 기독교 인문주의를 일찌감치 받아들인 상태였다. 그것은 개인의 영성을 강조한 사상이었다. 정치적으로 독일과 네덜란드의 지도자들은 상당한 정도의 차치에 적응이 되어 있었다. 같은 황

1505
마르틴 루터가 아우구스티누스 수도회에 들어가다.

1516
에라스무스가 그리스 어 판 신약성서를 최초로 출간하다.

1517
루터가 작센의 비텐베르크에서 면죄부에 대한 95개조의 반박문을 발표하다.

1518
루터가 바이에른의 아우크스부르크에서 교황의 특사인 도미니쿠스 수도회 추기경 카예탄의 심문을 받다.

1519
루터가 교황의 권위를 인정하지 않다. 신성 로마 제국 황제 막시밀리안 1세가 사망하자 그의 손자인 카를 5세가 황제로 등극하다.

1521
루터가 교황 레오 10세에게 파문당하다. 카를 5세는 루터를 법외자(법률상의 보호를 박탈당한 자)로 선언하는 보름스 칙령을 선포하다.

1524-1526
헤센의 필리프 백작이 루터주의로 개종. 독일에서 농민전쟁이 발발하다.

1529
슈파이어 제국의회가 보름스 칙령 재확인. 루터 파 제후들과 도시들이 법 집행에 항의하면서 '프로테스탄트(항의자)'라는 말이 생겨나다.

1530
루터 파 지도자들이 종교적 신념을 밝힌 아우크스부르크 신앙고백문을 카를 5세에게 제출. 아우크스부르크 제국의회는 이단을 배척하며 보름스 칙령을 재확인하다

제의 통치를 받고 있던 이 두 나라는 정치적으로 독립을 이룬 여러 지역과 도시를 두고 있었다. 독일과 네덜란드의 군주들과 선제후들은 먼 곳으로부터의 지배에서 오는 속박에서 벗어나고 싶어 안달이었다.

그들이 가장 불만스럽게 여긴 점은 신성 로마 제국의 황제이자 스페인 국왕인 카를 5세가 독일 및 네덜란드 17개 지방을 군주로서 다스리고 있다는 점이었다. 1519년에 황제의 권좌에 오른 카를은 스스로를 세계 역사상 가장 멀리까지 뻗어나간 제국(유럽의 많은 곳뿐만 아니라 아시아·아프리카·아메리카에 있는 영토까지 차지한)의 통치자이자, 로마 가톨릭 신앙의 수호자로서 '하느님의 기수'라고 생각했다. 완전한 자치를 목말라하던 지역의 야심찬 지배자와 도시 관리들은 카를 황제로부터 벗어나기 위해 늘어나고 있던 종교분쟁을 이용했다. 그들은 루터주의로 개종하면서 황제와 교황의 통치에

반기를 들기 시작했다.

1530년대에 독일의 프로테스탄트 지도자들은 슈말칼덴 동맹을 결성했다. 이는 동맹에 가입한 동지들을 황제로부터 보호하기 위한 결사였다. 카를 5세는 반란을 억누르기 위해 1547년에 이 동맹을 진압했다. 네덜란드에서는 그의 스페인 종교 재판관들이 이단자들을 맹렬하게 잡아들였다.

하지만 그의 핵심적인 독일의 지지자 중 하나가 변절하면서 반란을 일으키자 형세는 그에게 불리하게 돌아가기 시작했다. 뒤이은 평화협정에서 독일의 제후들은 루터주의든 가톨릭이든, 자기 땅에서의 종교적 기호를 선택할 권리를 갖게 되었다.

같은 해에 카를 5세는 아들 펠리페에게 '낮은 땅' 네덜란드에 대한 지배권을 넘겨주었다. 하지만 펠리페 역시 이단을 강압적으로 억누르고 네덜란드를 중앙집권적으로 통치하는

1531

독일의 프로테스탄트 제후들과 도시들이 방어 군사동맹인 슈말칼덴 동맹을 결성하다.

1534

루터가 번역한 성서의 초판이 발행되다.

1536

장 칼뱅이 〈그리스도 교 강요(綱要)〉 초판을 발행하고, 이어서 제네바 종교개혁의 주도권을 쥐다.

1540

로마의 반개혁 노력의 일환에 따라 교황이 예수회를 승인하다.

1546

마르틴 루터 사망.

1547

뮐베르크 전투에서 카를 5세가 슈말칼덴 동맹을 격파하다.

1552

루터 파 제후들이 스페인의 카를 5세에게 반발하다.

1555

아우크스부르크 평화조약에 따라 독일의 제후들이 종교 선택의 자유를 얻게 되다. 스페인의 펠리페가 네덜란드의 통치자가 되다.

1556

카를 5세가 스페인 왕좌를 펠리페에게 물려주고, 신성 로마 제국 황제 자리를 동생 페르디난트에게 넘겨주다.

접근법을 택했다. 그의 정책은 귀족, 도시, 지방의 실력자 또는 지배 세력에게 반감을 불러일으켰으며, 동시에 그는 새로 등장한 강력한 프로테스탄트 종파인 칼뱅주의자들의 분노를 자극했다.

한계에 다다른 네덜란드 곳곳의 칼뱅주의자들은 1566년에 폭동을 일으켜서 가톨릭 교회의 성상들을 파괴하기 시작했다. 진노한 펠리페는 알바 공을 보내 이 새로운 반란을 진압하도록 했다. 무력진압의 조짐에 격분한 네덜란드 사람들은 오라녜 공 빌렘(오렌지 공 윌리엄)의 영도 아래에 뭉쳐서 대항했다. 그는 펠리페 밑에서 홀란트, 젤란트, 위트레흐트 지방의 총독으로 일하던 사람이었다. 빌렘의 목표는 가톨릭이 우세하던 남부 지방과 프로테스탄트가 우세하던 북부지방을 모두 해방시키는 것이었다. 1576년에 네덜란드 전국회의는 정부에 대한 지배권을 거머쥐었고, 17개 지방 모두가

스페인의 간섭에 함께 대항하기로 결의했다. 하지만 이 결사는 오래 가지 못했다. 그중의 한 이유로 칼뱅주의자들이 가톨릭 교를 완전히 철폐할 것을 요구했기 때문이다. 1579년이 되자 네덜란드 남부지방 대부분은 다시 스페인의 지배권으로 들어가게 되었다.

펠리페도, 빌렘도 계속되는 전쟁에서 이기기 위해 온갖 정치적 책략들을 사용했다. 1580년에 스페인 국왕은 오라녜 공 빌렘을 법외자(法外者)로 선언한 뒤, 반란을 잠재우기 위해 그를 암살하도록 부추겼다. 펠리페의 책략은 성공했지만 원하는 결과는 나오지 않았다. 빌렘은 1584년, 암살자의 총탄에 쓰러졌으나 전쟁은 더욱 거세졌던 것이다. 빌렘의 아들 마우리츠의 영도하에 네덜란드 공화국은 간간이 영국과 프랑스의 도움을 받아가며 스페인과 끝까지 싸웠다. 그러다 1609년에 12년 동안의 휴전협정을 맺었다.

1564
장 칼뱅 사망.

1566
네덜란드 귀족들이 연합하여 스페인의 이단법에 항거하다. 칼뱅주의자들은 공공장소에서 설교를 하고, 가톨릭 교회의 성상을 파괴하다.

1567
스페인의 알바 공이 네덜란드에 도착하여 반란을 진압하고 고충해결 회의 만들다.

1568
네덜란드와 스페인 사이에 80년간의 전쟁이 벌어지다. 오라녜 공 빌렘이 이끈 반란이 실패하다.

1580
펠리페 2세가 오라녜 공 빌렘을 법외자로 선언하며, 그를 붙잡거나 암살하는 자에게 보상을 주기로 하다.

1581
네덜란드 전국회의가 펠리페 2세의 권위를 부인하다.

1584
오라녜 공 빌렘이 델프트에서 암살되다. 뒤이어 그의 아들 마우리츠가 홀란트와 젤란트의 총독이 되다.

1602
네덜란드 동인도회사가 설립되다.

1606
레이덴에서 렘브란트가 태어나다.

이렇게 일시적으로 평화가 찾아오자 이 지방들의 연합체는 번성할 수 있었다. 그러면서 17세기는 정치적·사회적·경제적으로 네덜란드의 황금기가 되었다. 공화국의 길거리는 외국 항구에서 온 무역업자들, 활기 있는 상인들, 인도 제국 동서부의 네덜란드 령 식민지로 떠나는 모험가들로 가득 찼다. 특히 암스테르담 같은 대도시에서는 예술과 과학이 꽃을 피웠다. 그리하여 암스테르담은 렘브란트같이 세계적으로 유명한 몇몇 화가들의 고향이 되기도 했다.

유럽의 많은 나라들이 절대왕정으로 귀족들이 득세를 했지만, 네덜란드 사람들은 독점적인 권력을 쥔 자가 없는 공화국에서 살게 되었다. 각 지방은 자치를 했고, 공화국 전체의 문제를 해결하기 위해 중앙의 전국회의에 파견단을 보냈다. 전통적으로 오라녜 공들이 보유하던 총독 자리는, 총독인 빌렘 2세가 쿠데타를 시도한 이후 5개 주요 지방의 주도로 1650년에 폐지되었다. 그후로 이 나라의 주도권은 홀란트 그리고 암스테르담 시로 넘어갔다.

그뒤로 공화국은 20여 년 동안 무역, 식민지 쟁탈전, 영토 문제로 영국 및 프랑스와 싸웠다. 1672년에 이 나라는 최대의 위기를 맞았다. 해전에서 영국에게 연이어 패배를 당했으며 프랑스에게 세 지방의 지배권을 빼앗겼기 때문이다. 절박해진 네덜란드는 오라녜 공 빌렘 3세에게 의지하여, 그를 홀란트와 젤란트의 총독이자 공화국의 선임 제후로 추대했다. 그는 재빠르게 침략자들을 축출해냈다. 하지만 이 싸움은 그만한 대가를 치러야 했다. 경제는 절뚝거렸고, 네덜란드는 세계 무대에서의 주도권을 잃게 되었다.

어쨌든 그들이 누렸던 황금시대는 별 이름 없던 성직자가 불을 붙인 일련의 사건들 때문에 가능했다.

1609

스페인과 네덜란드 공화국 사이에 12년간의 휴전이 시작되다.

1621

네덜란드 서인도회사가 설립되다. 스페인과의 전쟁이 재개되다.

1648

스페인이 뮌스터 조약에서 네덜란드의 독립을 인정함으로써 80년 동안 간헐적으로 지속된 전쟁이 종결되다.

1650

빌렘 2세가 암스테르담을 포위했으나 곧 사망하다. 네덜란드 5개 지방에 대한 공화국의 통치가 시작되다.

1652-1654

영국과 네덜란드 사이에 무역 경쟁이 심해지면서 최초로 전쟁이 발발하다.

1665-1667

영국과 네덜란드의 2차 전쟁이 북해, 아프리카 해안, 북미, 서인도제도에서 벌어지다.

1667-1668

프랑스 왕 루이 14세가 스페인 령 네덜란드를 침략하다.

1672

영국과 네덜란드 사이의 3차 전쟁이 발발. 루이 14세의 군대가 네덜란드 공화국을 침략하다. 암스테르담의 주식 시장 붕괴. 빌렘 3세가 총독이 되면서 공화국 통치를 종결시키다.

1689

빌렘 3세와 메리 스튜어트가 결혼하여 영국 국왕과 왕비가 되다.

스웨덴

덴마크

영국

네덜란드 공화국

스페인 령 네덜란드

독일

프랑스

스페인

• 런던

영국 해협

파리

북

비스케이 만

16세기와 17세기에 유럽에서 가장 크고 인구가 많은 나라였던 독일은 자치적인 도시들과 지방들의 집합체였다. 그런 도시나 지방 중 일부는 오른쪽 지도에도 나와 있다. 가장 큰 지방은 작센이었는데, 작센은 1400년대 말에 두 곳으로 나뉘어졌었다. 여러 중대한 사건들이 이 복잡한 나라에서 일어났다. 루터가 비텐베르크(지도 오른쪽 끝)에서 95개 조의 반박문을 발표한 것도, 스튈링겐(지도 중앙 아래쪽)에서 농민반란이 일어난 것도, 슈말칼덴(지도 중앙 오른쪽)에서 프로테스탄트 방어동맹이 결성된 것도 모두 이 나라에서였다.

독일 북서쪽에는 네덜란드의 17개 지방이 자리잡고 있었다. 네덜란드는 '낮은 땅'이라 불리기도 했는데, 영토의 상당수가 해수면보다 낮았기 때문이다. 스페인으로부터 독립하기 위해 1560년대부터 벌어진 전쟁 때문에 네덜란드의 지방들은 크게 프로테스탄트의 네덜란드 공화국과 가톨릭의 스페인 령 네덜란드로 나뉘어졌다(상단의 작은 지도).

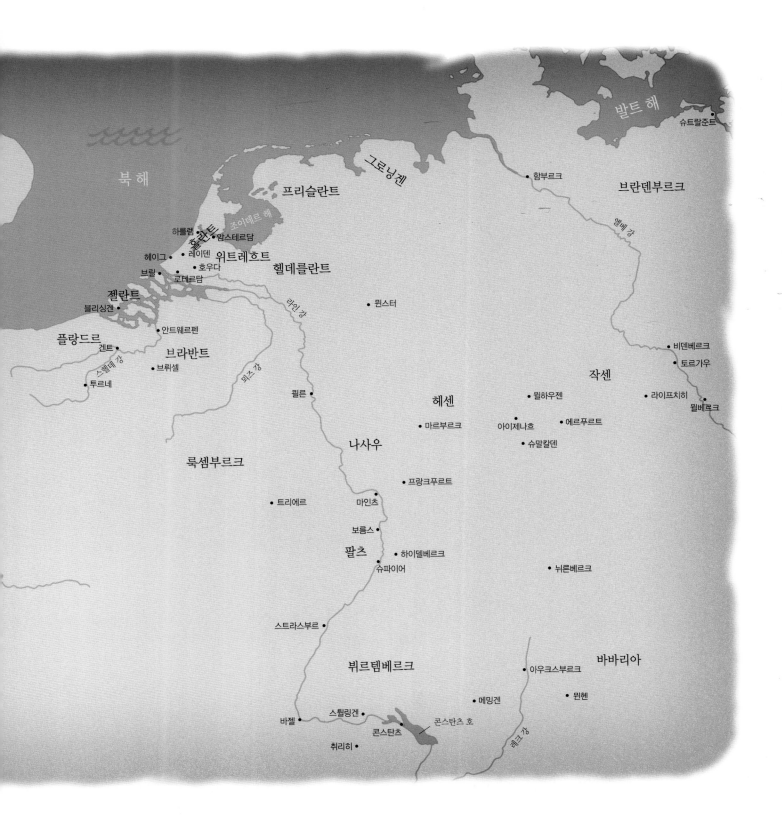

발트 해

북 해

슈트랄준트

그로닝겐

함부르크

브란덴부르크

프리슬란트

엘베 강

조이데르 해

하를렘 홀란트
암스테르담

헤이그 레이덴 위트레흐트

브릴 호우다

로테르담 헬데를란트

뮌스터

젤란트

블리싱겐

라인 강

비덴베르크

플랑드르

안트웨르펜

토르가우

겐트

브라반트

작센

스헬데 강

브뤼셀

뮐하우젠

라이프치히

투르네

쾰른

헤센

뮐베르크

마르부르크

아이제나흐

에르푸르트

룩셈부르크

메스 강

나사우

슈말칼덴

프랑크푸르트

트리에르

마인츠

보름스

팔츠

하이델베르크

뉘른베르크

슈파이어

스트라스부르

바바리아

뷔르템베르크

아우크스부르크

뮌헨

메밍겐

바젤

슈틸링겐

콘스탄츠

콘스탄츠 호

레크 강

취리히

1 ∷ 종교개혁의 탄생

 1518년 10월 7일, 지치고 병들고 겁에 질린 마르틴 루터는 아우크스부르크의 바이에른 시로 들어갔다. 가톨릭 교회의 이단 기소(사형을 언도받을 수도 있는 범죄였다)에 대한 답변을 하기 위해 소환되어 오던 길이었다. 이 아우구스티누스 회 수사(修士)는 살고 있던 작센의 비텐베르크에서 12일 동안 520km나 되는 길을 걸어온 것이었다.

여행은 매우 험하고 고달팠다. 루터는 교회에서 정한 시간까지 아우크스부르크에 도착하기 위해 안간힘을 써야 했을 뿐더러, 독일의 점점이 흩어져 있던 시골의 작은 마을에 들를 때마다 근심에 싸인 지지자들이 그의 안전을 염려해주는 소리들을 일일이 들어주어야 했다.

사람들이 가장 우려했던 것은 교회의 관행에 문제를 제기했던 체코의 종교 지도자 얀 후스처럼 루터가 잘못되지나 않을까 하는 것이었다. 1414년에 후스는 교회의 콘스탄츠 공의회에 초대되었다가, 안전통행권을 가지고 있었음에도 체포되어 이단 심문을 받고는 화형을 당하고 말았다. "그들은 당신을 화형시킬 겁니다." 루터의 동료 수사들은 그가 아우크스부르크에 다가갈수록 이런 경고를 했다. "돌아가세요."

하지만 루터는 물러설 수 없었다. 몇 해 전부터 그는 특정한 문제들 때문

1521년, 교황에 의해 이단으로 낙인찍히고 신성 로마 제국 황제에 의해 법외자로 지목된 성직자이자 종교 개혁가인 마르틴 루터는 머리와 수염을 길게 길러서 제국의 기사로 변장했다(왼쪽). 루터의 신념과 행동은 종교개혁을 촉발하고 서구의 교회를 둘로 쪼개는 결과를 낳았다.

에 점점 더 어려움을 느껴오고 있었다. 그래서 이번 기회에 그들과 그 문제를 논의하고 싶었다. 그 역시 상황이 위험하다는 사실을 알고 있었다. 가톨릭 교회는 신성 로마 제국에 막대한 영향력을 행사하고 있었으며, 그중에서 독일의 바이에른과 작센도 영향권 안에 들어 있었다. 하지만 루터가 용기를 낼 수 있었던 것은 작센의 선제후인 프리드리히 3세의 강력한 지지가 있었기 때문이다. 루터에 대한 심문을 로마가 아닌 독일 땅에서 열도록 교회를 설득한 것도 그 선제후였다. 로마였으면 루터도 후스처럼 투옥되고 심판받은 다음 지체없이 처형될 것이 뻔한 일이었다. 하지만 독일 땅에는 루터의 친구들도 있기 때문에 교회의 분노에도 불구하고 살아남을 가능성이 있었던 것이다.

전설에 따르면, 프리드리히(오른쪽)는 루터가 1517년 10월 31일에 95개조의 반박문을 내걸기 하루 전날 꿈을 꾸었다. 꿈에서(위의 그림) 루터는 비텐베르크에서 로마까지 뻗어 있는 펜을 들고 교회의 문에 자신의 반박문을 쓰고 있다. 이 펜은 로마에 있는 사자를 찌르고 교황 레오 10세로 보이는 사람의 왕관을 쳐버리고 있다. 15세기의 종교개혁가인 얀 후스의 화형(왼쪽 위)과, 루터의 정결함과 희생을 상징하는 하얀 백조도 그려져 있다.

　루터를 둘러싼 분쟁은 면죄부를 파는 교회의 관행에서 비롯되었다. 면죄부는 뉘우치지 않거나(고해하지 않거나) 해결하지 않은(금식이나 순례 같은 속죄의 고행을 행하지 않은) 죄를 면제해주는 증서였다. 그리하여 이 증서를 받은 그리스도 인은 죽어서 죄를 정화하기 위해 연옥에서 고통을 받을 필요가 없어진다는 것이었다. 11세기에는 1차 십자군 전쟁에 참가하는 십자군들에게 면죄부를 공짜로 나눠주었다. 만리타향에서 그리스도를 위해 싸우다가 죄의 부담에 영혼이 짓눌리지 않고 죽을 수 있도록 하기 위해서였다. 속죄의 고행을 다 하지 못하면 연옥에서 벌을 받게 된다는 두려움을 해결해주기 위해 면죄부를 판 것은 나중의 일이었다.

　여러 세기가 지나는 동안, 교회가 파는 면죄부는 점점 더 늘어갔다. 교회를 짓고 내부의 팽창 전쟁(반대파들이나 나폴리 왕 같은 적대적인 통치자들에 대한

'성전')에 드는 돈을 대기 위해서였다. 루터의 시대에는 사랑하던 고인이 연옥에서 보낼 시간을 줄여주기 위해 면죄부를 사는 친척들도 있었다. 얀 후스는 그런 관행에 항의하다 죽음을 맞았다. 이런 관행을 개탄한 사람들이 많아져서, 16세기에는 그러한 목적으로 면죄부를 파는 것이 통렬한 풍자의 대상이 되었다.

95개조의 반박문에 밝힌 루터의 주장은 크게 세 갈래로 나눌 수 있다. 먼저 가장 최근에 있었던 폐단은 로마의 성 베드로 대성당 재건축을 위해 막대한 액수의 면죄부를 판 사실이었다. 루터는 "기독교회의 모든 수입이 이 만족을 모르는 대성당으로 빨려들어가고 있다"고 공격했다. 그러면서 루터는 이렇게 주장했다. "만일 교황이 누군가를 연옥에서 풀어줄 수 있는 힘을 갖고 있다면, 왜 사랑의 이름으로 연옥을 폐지하여 모든 사람을 풀어주지 않는가?" 한 목회자가 자기 신도들에게 영적 복리를 위해 금전적인 부담을 씌우는 모습을 본 루터는 면죄부가 그것을 받는 사람들에게 "단연코 해로운" 것이라고 믿었다. 루터는 이렇게 선언했다. "면죄부 때문에 구원을 얻는다고 생각하는 사람은 저주를 받을 것이다." 오히려 (루터가 성경에서 본 중요한 어느 구절에 따르면) 구원은 믿음이 있는 사람에게 하느님이 거저 주는 선물로, 돈이나 심지어 좋은 행실로도 사고팔 수 없는 은총의 결과인 것이다.

1517년 10월 31일, 루터는 전통에 따라 비텐베르크에 있는 '모든 성인의 교회'라고 알려진 성에 있는 교회 문에 못을 박은 뒤 자신의 반박문 복사본을 내다걸었다. 당시 공적인 행사를 알리는 공고가 교회 문에 붙는 경우는 흔한 일이었다. 루터는 그 문제에 대하여 단순히 학술적인 논쟁을 벌이길 원했기 때문에 그런 행동은 당시로서 특별한 것이 아니었다.

네덜란드 화가 히에로니무스 보스가 그린 지옥 그림(왼쪽)을 보면 죽은 자들이 죄 때문에 고통을 당하고 있다. 주사위와 카드를 갖고 있는 괴물들이 도박꾼들을 공격하고 있으며, 악기들이 경박하게 산 사람들을 고문하고 있다. 탐식한 영혼들은 잡아먹힌 다음 똥으로 나오고 있다.

말에 탄 교황이 지켜보는 가운데 두 성직자가 면죄부를 팔고 있고, 교황 곁에 있는 십자가에는 면죄부가 더 달려 있다. 이는 로마 교회가 이 관행을 승인하고 있음을 나타내주고 있다(오른쪽).

| 판매용 면죄부 |

하느님의 진노와 영원한 징벌은 루터의 동시대인들에게 실질적이고도 끔찍스러운 개념이었다. 회개하지 않거나 용서받지 못한 치명적인 죄 때문에 끝없는 형벌을 받는다는 지옥이나, 그보다 경미한 죄 때문에 유죄이기는 하지만 구제를 받아서 일시적이나마 고통스러운 형벌을 받는다는 연옥에 대한 생각은 공포에 떨게 하기에 충분할 만큼 무시무시한 것이었다. 하지만 일단 죄를 지으면 신실한 사람들은 속죄의 고행에 의지할 수 있었다. 성직자들은 그러한 속죄의 고행을 통해 영원한 형벌을 선한 행위로 변화시킬 수 있었다. 즉, 현세에서 기도나 순례나 금식을 통해 죄를 사할 수 있었던 것이다.

속죄의 고행을 제대로 하지 못하고 죄를 저지른 상태에서 죽는 것이 두려웠던 기독교인들은 안심하기 위해 면죄부를 사곤 했다. 그리하여 스스로 연옥의 두려움에서 벗어나거나, 고인이 되어 그곳에서 이미 고초를 겪고 있을 친척들을 풀어주고자 했던 것이다. 면죄부 판매업자들은 일종의 보너스로 순회 여흥을 사람들에게 제공하기도 했다. 예를 들어 도미니쿠스 수도회 설교자였던 요한 테첼은 브란덴부르크와 작센의 공작령의 작은 읍내와 마을을 돌아다니며 자신이 갖고 있던 교황의 기념품들을 소리치며 팔고 다녔다. 그가 가는 곳에는 늘 거창한 행렬과 시끌벅적한 설교가 뒤따랐다. 한번은 그가 설교단에서 이렇게 외쳤다. "돌아가신 여러분의 부모와 친지들이 울부짖으며 외치는 소리가 들리지 않습니까? '나에게 자비를, 부디 나에게 자비를 베풀어다오. 우리는 극심한 징벌한 고통을 받고 있단다. 네가 약간의 기부금만 내면 우리를 구할 수 있단다.'" 테첼에 관해 붙여진 문구 가운데 다음과 같은 아주 인상적인 것이 있었다. "금궤에 돈 떨어지는 소리가 울리자마자 연옥에 있던 영혼이 솟아오른다."

테첼은 1517년 4월에 루터가 살고 있던 작센 선제후의 영지의 경계에서 면죄부를 팔았다. 아우구스티누스 수도회의 루터가 면죄부 관행을 비난하는 95개조의 반박문을 쓰기 시작한 데에는 이 설교자의 괴상한 쇼에 관한 소문이 일조를 했다. 테첼에 관하여 루터는 나중에 직접 이렇게 쓰기도 했다. "그는 온힘을 다하여, 재량껏 비싸게든 싸게든 돈을 받고 은총을 팔았다."

게다가 당시만 해도 그는 교회나 교황의 권위를 손상시킬 생각이 전혀 없었다고 주장했다.

하지만 루터 자신도 모르는 사이에 그의 반박문은 교회의 교의에 비판적이던 인문주의자들에 의해 원래의 라틴 어에서 독일어로 번역되어, 당대에 많이 생겨나고 있던 많은 인쇄소에서 인쇄되어 널리 배포되었다. 몇 달이 채 되지 않아서 마르틴 루터의 글은 제후들과 농민들, 예술가들과 성직자들의 관심을 사로잡으며 유럽 전역으로 퍼져나갔다. 비텐베르크의 한 무명의 수사가 엄청난 불기둥에 점화를 한 것이다.

처음에 서열이 낮은 수사의 행동을 대수롭지 않게 여기던 교회는 그 영향력이 급속도로 커지자 차츰 긴장하게 되었다. 교회의 관행에 대한(그리고 교황의 권위에 대한) 루터의 집요한 비난은 그냥 지나칠 수 없을 정도의 위협이 되어갔다. 심지어 신성 로마 제국의 황제 막시밀리안 1세도 루터의 가르침을 교회에 대한 전복으로 보았다. 그래서 루터는 처음에 로마로 소환되기로 했다가, 작센 선제후인 프리드리히의 개입으로 아우크스부르크로 소환되었던 것이다.

아우크스부르크에는 아우구스티누스 회 수도원이 없었기 때문에, 프리드리히는 루터를 카르멜 회(중세에 창설된 탁발 수도회, 즉 집단적·개인적 청빈을 위해 자선을 구걸해 생활하던 수도회 가운데 하나) 수도원에 묵도록 주선했다. 루터는 복통을 심하게 앓고 있었지만, 자신의 도착 소식을 도미니쿠스 수도회 추기경인 티에네의 카예탄에게 서둘러 알렸다. 루터가 그의 앞에 출석하도록 예정되어 있었기 때문이다. 하지만 프리드리히의 비서이자 궁중 설교자였던 게오르크 슈팔라틴의 후원을 받는, 아우크스부르크에 있던 루터의 여러 조력자들은, 루터가 황실의 안전통행권도 없이 사자굴로 직접 찾아들어간다는 소식을 듣고는 깜짝 놀랐다. 그들은 그런 서류라도 갖고 있지 않으면 카예탄이 곧바로 루터를 붙잡아서 로마로 압송해버려도 막을 방법이 없다고 주장했다. (루

1518년 10월, 카예탄 추기경 (오른쪽)은 루터의 이단 혐의에 대한 심문을 했다. 심문이 끝난 뒤 카예탄은 작센의 선제후 프리드리히에게 이렇게 말했다. "마르틴 수사를 로마로 보내버리든지, 아니면 전하의 땅에서 쫓아내버리십시오. 보잘것없는 일개 탁발 수도사가 전하와 전하의 가문에 불명예를 끼치는 일이 없도록 하십시오."

터나 그의 조력자들이 모르게, 프리드리히는 루터가 압송되지 않도록 한다는 카예탄의 약속을 이미 받아두었다.) 황실에서는 마침내 안전보장을 약속했고, 루터는 10월 12일에 교황의 판관을 대면하기 위해 카르멜 회 수도원을 떠났다.

루터와 카예탄의 만남은 막강한 은행 가문인 푸거 가(家)의 대저택에서 열렸다. 이 저택은 신성 로마 제국의 황제가 소유한 어느 궁전보다 웅장한 곳이었다. 루터는 교황의 특사와 최초로 마주치는 이 만남에서 어떻게 행동해야 하는지 미리 조언을 받았다. 그는 방에 들어가자마자 추기경의 발치에 무릎을 꿇고 엎드렸다. 그는 카예탄이 일어나라고 세 번을 말할 때까지 그렇게 엎드려 있었다.

카예탄은 자기 앞에 서 있는 루터를 찬찬히 살펴보았다. 뼈대는 굵지만 수척해 보이는 그의 얼굴은 짙으면서도 불타는 듯한 눈동자가 매우 강렬한 사람이었다. 그는 자기 서열에 맞게 모자 달린 검은 수도사 옷을 걸치고 있었다. 그에 반해 가톨릭 추기경의 화려한 붉은 예복과 붉은 모자 차림을 한, 체구가 작고 가냘픈 인상의 카예탄은 루터와 상당히 대조적인 모습이었다. 카예탄 추기경은 자신의 위풍당당한 모습과 이곳 방의 우아한 장식과 함께 자신에 대한 근사한 대접을 한껏 즐기고 있었다. 그는 또 심문을 하는 자리에서 한 무리의 이탈리아 대신들의 알현을 받기도 했다.

루터의 겸손한 태도에 고무된 추기경은 어서 주장을 철회할 것을 요구했다. 추기경은 이 수사를 "여보게"라고 친근하게 부르며 교황이 세 가지를 원한다고 말했다. 그것은 루터가 자기 과오를 뉘우치고, 앞으로는 그런 발언을 삼가겠다는 약속을 해야 하며, 다시는 교회를 불편하게 해서는 안된다는 것이었다.

루터는 망연자실해졌다. 그는 나중에 이렇게 기록했다. "이런 식의 대화는 내 스스로를 위험에 빠뜨릴 것도 없이 비텐베르크에서도 얼마든지 가능했을 것이다." 그는 자신을 괴롭혀온 문제들을 토론할 기회를 기대했던 것이다. 루터는 추기경에게 먼저 자신이 어떤 점에서 잘못을 했는지 밝혀지지 않는 이상 주장을 철회할 수 없다고 얘기했으며, 그러한 논거는 교황의 권위가 아니라 성경에서 오는 것이어야 한다고 주장했다.

카예탄은 딜레마에 빠졌다. 그는 교황으로부터 루터와는 어떤 종류의 논쟁도 벌이지 말라는 특별 지시를 받았기 때문이다. 하지만 이 추기경은 교권 전체에서 가장 학식 있는 신학자였기 때문에 루터의 생각과 해석이 어떻게 잘못되었는지 밝혀줄 수 있다고 확신했다. 그래서 카예탄은 명령을 거역하고 루터와 논쟁을 시작했다.

도미니쿠스 수도회 추기경과 아우구스티누스 회 수사는 사흘 동안 논쟁을 하며 자기의 입장을 주장했다. 루터의 학식은 나무랄 데 없었고, 성경에 대한 그의 지식은 통달의 경지였다. 게다가 그는 어떠한 해석이라도 판단할 수 있을 만큼 그리스 어와 히브리 어를 잘 알고 있었다. 카예탄 역시 뒤지지 않는 지성과 학식을 갖추고 있었다. 하지만 두 사람의 주장은 하나의 본질적인 문제에서 뚜렷이 차이가 났다. 그것은 교황의 법과 성경 중에 어느 것이 더 우선적인 것이냐 하는 문제였다.

루터는 성경의 확고한 권위에 반하여 교황의 교서는 오류가 너무 많다며 본질적으로 교황의 교서를 인정하지 않았다. 그는 개인의 구원이 교황과는 상관없이 하느님의 은총을 통해서만 가능하다고 선언했다(이 경우에는 면죄부 발행을 지지하는 내용). 그래서 면죄부는 비열한 돈벌이 수단에 불과하다고 한 것이다. 따라서 루터에게 있어 자신의 주장을 철회한다는 것은 양심을 거스르는 일이었다. 그는 성경에 대한 자신의 해석이 신성한 진리임을 확신하고 있었던 것이다.

카예탄은 루터에게 교회가 강력한 적임을 상기시켰다. "너는 교황께서 독일이 어떻게 되더라도 눈 하나 깜짝하시리라 생각하느냐? 그리고 너는 제후들이 무기를 들고 너를 보호해주리라 생각하느냐?"

"아니오." 루터 수사는 대답했다.

카예탄은 교회가 루터를 파문하면 아무도 그를 보호해주지 않을 것이라고 경고했다. "어디서 지낼 작정이냐?"

루터는 간단하게 대답했다. "하늘 아래에서요."

논쟁은 결국 극복할 수 없는 파국까지 이르렀다. 카예탄은 루터를 그냥 돌려보냈다. "가거라. 그리고 철회를 하지 않는 이상 다시는 내 앞에 나타나지 마라." 그는 루터와는 더 이상 볼일이 없다고 판단했던 것이다. 그러면서 루터를 "머릿속에 이상한 생각만 가득 찬, 눈이 푹 꺼진 짐승"이라 불렀다.

루터 역시 추기경을 경멸스럽게 생각했다. 그는 추기경의 발언이 이단적이라 생각했으며, 나중에 쓴 글에서 그의 신학 실력이 당나귀가 연주하는 류트 (기타 비슷한 14~17세기의 유럽 현악기―옮긴이) 솜씨 수준이었다고 표현했다. 그는 비텐베르크 대학의 동료 교수이자 신학자인 안드레아스 카를슈타트에게 이렇게 말하기도 했다. "그는 내가 '제 주장을 철회하고, 취소하며, 실수를 범했음을 고백합니다' 하고 말하지 않는 이상 아무 이야기도 들으려 하지 않았지요. 나는 그런 말은 할 수 없었어요."

"어디서 지낼 작정이냐?"
"하늘 아래에서요."

루터는 다시 소환될 때까지 사흘을 기다렸다. 하지만 추기경으로부터 아무런 전갈도 오지 않았다. 곧 루터가 체포될 것이라는 소문이 나돌았다. 아우구스티누스 회의 이 수사는 주변 사람의 권유에 따라 10월 17일, 카예탄에게 충분히 경의를 표하지 못한 데 대해 사과했다. 그 다음날 그는 다시 추기경에게 편지를 보내어 자신이 아우크스부르크를 떠날 것이라고 했다.

아무 응답이 없는 것을 불길하게 느낀 루터의 친구들은 그 문제를 자기들 힘으로 해결하기로 했다. 10월 20일 밤에 그들은 수도원에 있던 루터를 도시 밖으로 빼돌렸다. 갑자기 떠나게 된 그는 무릎까지 오는 반바지와 긴 양말만 걸친 채 밤새 말을 타고 달려야 했다. 11일이 지난 10월 31일, 마르틴 루터는 다시 비텐베르크의 아우구스티누스 회 수도원으로 돌아왔다. 때는 95개조 반박문을 내건 지 1년이 되는 날이었다.

종교개혁 이야기가 사람들의 입에 오르내리던 때, 중세 가톨릭 교회의 구조를 분해하는 데 큰 역할을 할 한 사람이 종교와 세속의 양분야에서 동시에 살며 일하고 있었다. 1453년에 콘스탄티노플이 투르크의 손에 넘어가면서 상당수의 그리스 학자들이 고전의 전통을 간직한 채 남부 유럽으로 도망쳐왔다. 이때 유럽 학자들은 신약성서를 새로운 눈으로 들여다보면서, 그리스 어로 씌어졌던 초기의 성경과 6세기 이후에 교회가 받아들인 라틴 어 성경이 일치하지 않는다는 사실을 발견하게 되었다. 1500년 무렵 북유럽의 신학자들은 옛 진리에 더 충실하다고 생각되는 새로운 관행과 아이디어를 실험하고 있었고, 그렇게 함으로써 전통적인 교회의 권위를 훼손하거나 손상시키고 있었다.

그러는 동안 신성 로마 제국이라고 하는 신정(神政) 일치의 국체에서 정치적인 문제가 점점 커져가고 있었다. 이 제국은 10세기에 유럽에 기독교 통일체를 세우기 위해 만들어진 것이었다. 16세기가 되자 제국은 언어적으로나 지리적으로나 대체로 독일화되었으며, 상당 부분이 독일 제후들의 통치를 받았다. 제후들은 교황이 아닌, 7인의 선제후들이 뽑은 황제에게 상당한 권한을 행사하고 있었다. 7인의 선제후가 다스리던 지역 중 네 곳은 정치적으로 자치를 누린 왕조였다. 보헤미아, 브란덴부르크, 팔라티네이트, 작센이 그런 곳이었다. (1485년에 두 형제 에른스트와 알브레히트 사이에 둘로 쪼개져버린 작센은 특이한 경우였다. 당시에 프리드리히가 다스리던 에른스트 작센은 선제후국이었고, 알브레히트 작센은 그렇지 않았다.) 나머지 세 선제후국은 교회의 영향력이 큰 곳이었다. 대주교의 관구인 쾰른, 트리에르, 마인츠가 그곳이었다. 7개의 선제후국 말고도 제국에는 숱한 지방과 75개나 되는 제국 '자유도시'가 있었다. 콘스탄츠 같은 곳도 그런 곳이었다. 간단히 말해 신성 로마 제국은 주권을 가진 300개가 넘는 공국(公國)의 집합체였다. 사람들은 황제보다는 자기 군주(제후)나 도시 정체(政體)에 더 우선적으로 의무를 느꼈기 때문에, 스스로를 작센 인이니, 뉘른베르크 인이니, 보헤미아 인으로 여겼다.

루터의 95개조 반박문이 발간될 무렵, 많은 지역들은 독일의 내부 문제에

| 기독교 인문주의자 에라스무스 |

그리스와 라틴 고전을 연구한 르네상스의 인문주의자 겸 학자 가운데 가장 영향력 있던 인물은 네덜란드 사람 데시데리우스 에라스무스였다. 에라스무스는 고전 연구에서부터 격언 수집에 이르기까지 엄청난 작업을 했으나, 현재 그가 쓴 풍자가 가장 유명한 작품으로 남아 있다. 그의 풍자는 국가와 교회의 폐해를 신랄하게 꼬집었으며, 일반학자와 신학자를 '성질 괴팍한 족속들'이라며 조롱했다. 인간 행동의 모순을 예리하게 파헤친 그의 명작 〈우신 예찬〉은 1509년부터 1536년까지 42판을 찍어냈다. 그의 저술은 교회 관리들의 분노를 자아냈으나, 종교개혁이 본격화되기 이전의 비교적 관대한 시기의 교회는 그에게 적대적인 행위를 하지는 않았다.

에라스무스는 종교 개혁가와 가톨릭 교회 사이에 벌어진 논쟁에서 어느 편에도 서지 않았다. 1519년 3월에 마르틴 루터는 그의 지지를 얻으려고 많은 노력을 기울였다. 그러자 에라스무스는 루터에게 이렇게 말했다. "묵은 제도를 단번에 뿌리 뽑을 수는 없습니다. 전면적인 규탄보다는 조용히 논쟁을 벌이는 것이 더 나을 수도 있습니다. 모든 외양적인 선동은 피하도록 하십시오. 그리고 냉정을 지키십시오. 화를 내지 마십시오. 그 누구도 미워하지 마십시오." 하지만 에라스무스는 교회를 향해서는 관용을 보이라며 루터를 옹호했다.

에라스무스가 교회와 절연하기를 거부하면서 동시에 종교개혁 진영을 비난하지도 않자, 그의 주변엔 친구가 별로 없었다. 가톨릭 진영에서는 그가 "루터가 품은 알을 낳았다"고 비난하면서 그에게서 등을 돌렸다. 게다가 루터는 나중에 에라스무스가 "공손과 자비로 모든 것을 다 이룰 수 있다고 생각하는" 몽상가라며 그를 마음에서 지워버렸다.

에라스무스는 1523년 스위스 바젤에서 한스 홀바인 2세가 그린 이 초상화 앞에 앉았다. 그는 종교개혁의 정치적·종교적 격동을 피해 한동안 그곳에 가 있었다.

대한 교황의 부당한 간섭을 점점 더 불만스럽게 생각하고 있었다. 로마는 독일의 소송 사건을 로마로 이관하여 평신도들까지도 파문의 위협 아래 교회의 법정에 서서 재판을 받도록 하는 등, 독일의 법을 무시했다. 또 하나 참기 힘들었던 점은, 로마가 제일 큰돈을 내는 사람들에게 생계가 보장되는 성직을 주었다는 사실이다. 그 결과 독일의 교구에는, 한 문서에서 묘사한 바와 같이 "부적격이고 무지하고 무자격인" 비(非)독일인들로 가득 차버리게 되었다. 그런 사람들은 임무도 제대로 수행하지 못했고, 독일 사람들이 적절한 영적 보살핌을 받을 기회까지 박탈해버렸다.

독일의 돈이 로마의 금궤로 그칠 줄 모르고 흘러들어가는 것도 분통이 터지는 일이었다. 교황은 새로 성직을 얻는 사람에게서 돈을 걷었을 뿐만 아니라, 독일인들로부터 서임 첫해의 초입세(初入稅)도 걷었다. 그리고 특정한 중죄나 범죄를 사면해주는 대가로 돈을 요구하기도 했다. 그중에서도 제일 나빴던 것은 면죄부 판매였다.

그래서 루터가 뿌린 반발의 씨앗은 비옥한 땅에 떨어질 수 있었다. 그리고 그런 씨앗에서 종교개혁이란 큰 나무가 자라날 수 있었다. 곧 일상의 성격과 본질 자체가 완전히 바뀌기 시작했다. 1520년대에는 수많은 수사와 수녀들이 수도원 생활을 그만두고 결혼을 하기 시작했다. 성직자든 평신도든, 새로운 성서적 가르침에 적응하기 위해서 상당수의 전통관례들을 길가에 버리거나 근본적으로 바꾸었다. 그중에는 의무적으로 하는 고해, 사순절 금식, 특정 음식에 대한 금기, 성인 및 성상 숭배 같은 것도 포함되어 있었다. 그렇게 몇십 년이 흐르면서 서구의 기독교는 처음으로 갈라지기 시작하여, 1555년에는 가톨릭과 프로테스탄트 양진영으로 공식적으로 갈라서게 되었다.

이렇게 땅을 뒤흔드는 개혁의 촉매가 되었던 것은 단 한 사람에 불과했다. 그 모든 일이 시작되었던 1517년에, 스스로를 단순히 "이제 막 배움의 틀에서 벗어난, 성경에 푹 빠진, 젊은 학자"일 뿐이라고 생각했던 한 사람이었다.

루터는 비텐베르크에 도착한 뒤 다시 대학의 교수 자리를 맡았다. 작센의 북부 저지대에 있는 비텐베르크는 특별히 매력적인 곳은 아니었다. 루터의 동료 수사 중 한 사람은 이곳을 "문명과의 경계선상에 있는" 곳이라고 묘사하기도 했다. 엘베 강을 따라 북쪽으로 여행하던 사람들은 하얀 모래가 덮인 높다란 언덕이 독특한, 서쪽을 바라보고 있는 급격한 굽이를 볼 수 있었다. 그들이 잠시 쉬어가곤 하던 이곳은 점점 시장도시로 발전해가더니 외양에 걸맞게 '하얀 산' 이란 뜻인 비텐베르크라는 이름이 붙었다.

일종의 무역로에 자리잡고 있었으며 엘베 강을 가로지르는 다리가 있기는 했으나, 비텐베르크는 주로 농지에 둘러싸여 있어서 무역의 중심지 역할은 인근 지역을 위해서만 중요한 것이었다. 루터는 언젠가 비텐베르크의 설교단에서 이렇게 선언했다. "우리 땅에는 모래 성분이 대단히 많습니다. 사실 돌가루에 불과하다고 해도 과언이 아닙니다. 그러니 기름진 땅은 아닙니다. 하지만 하느님은 이런 돌가루에서도 매일같이 훌륭한 포도주와 맛있는 곡식을 내어주십니다. 그런데 이런 기적이 계속해서 일어나다 보니 우리는 감사를 모르고 지내고 있습니다."

이 고장의 남쪽 경계를 이루고 있던 강에서 바라보면 외부의 흙벽, 깊은 해자, 튼튼한 벽, 망루 역할을 했던 듬직한 성문이 장관을 이루고 있었다. 남쪽 성문을 통해 들어오던 한 방문객이 화가인 루카스 크라나흐의 소유였던 모퉁이의 커다란 집을 지나가게 되었다. 크라나흐는 집 한가운데를 작업실로

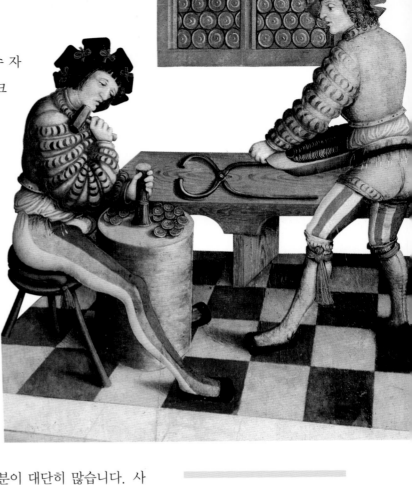

독일의 장인들이 은화를 찍어내고 있다. 신성 로마 제국 시대에 이런 은화들이 다양하게 쏟아져나왔던 것은 제후국의 모든 군주들이 자기 마음대로 화폐를 주조할 수 있었기 때문이다. 16세기 동안에는 은화가 금화의 표준 지급 수단 자리를 차지했다. 유럽에서 은을 가장 많이 생산해낸 독일의 은광은 어마어마한 이익을 차지하게 되었다.

개조하여 한 번에 화가 지망생이 40명까지 들어갈 수 있도록 했다. 루터는 여러 날 저녁에 이 유명한 화가의 집에 찾아갔고, 아마도 가끔은 초상화를 그리도록 앉아 있기도 했을 것이다.

비텐베르크는 지역의 보통 성시(城市)보다 약간 크긴 했지만, 당대의 전형적인 고장이었다. 인구 2,500명 정도에 불과했던 이 고장에는 약 400가구가 살았다. 집이라고 해봐야 납작한 통나무집이나 짚으로 지붕을 이은 오두막집이 전부였다. 이 고장은 8개의 블록이 기다랗게 이어져 있었고, 옛 장터로 이어진 거리들이 직각으로 뻗어 있었다. 지역의 상업은 푸주한, 옷, 신발, 빵 등을 만드는 사람들이 모여서 만든 길드(동업자 조합)로 이루어져 있었다. 나중에는 서적 출판이 꽤 중요한 자리를 차지하게 되었다. 크라나흐가 소유한 약방도 있었는데, 여기서는 약만 판 것이 아니라, 양념, 왁스, 종이, 물감 같은 것도 취급했다. 공중목욕탕도 세 개가 있었으며, '프라우엔하우스(Frauenhaus)'라고 해서 독신자들만 들어갈 수 있는 매음굴도 있었다 (루터를 비롯한 사람들이

푸거의 저택

1516년에 그려진 왼쪽의 사무실 그림에서 야코프 푸거가 자신의 경리인 마테우스 슈바르츠 앞에 서 있다. 두 사람 뒤로 보이는 사물함에는 로마, 크라쿠프, 리스본 등 푸거 가문의 은행 지점이 있는 도시들의 이름이 붙어 있다.

푸거 가문은 독일 내에서 가톨릭 교회의 재정적 거래를 독점했으며, 교회의 성직 매매와 면죄부 판매에 관여했다. 마인츠의 대주교이자 선제후였던 브란덴부르크의 알브레히트가 세 번째로(불법이었다) 관직을 매수하려 했을 때, 그는 푸거 가문에 도움을 청했다. 이렇게 한 군주는 알브레히트뿐만이 아니었다. 야코프 푸거는 빌려간 돈을 갚으라고 카를 5세에게 보낸 편지에서 황제에게 이렇게 상기시켰다. "전하는 제가 아니었다면 신성 로마 제국 왕관을 쓸 수 없었을 것입니다."

16세기의 이 독일 마을에서는 사람들이 술을 마시고, 연애를 하고, 친구들과 이야기를 나누고, 장사를 하고 있다. 교회 앞에서는 악사들을 포함한 행렬이 거리를 행진한 뒤 한 커플이 공식적으로 결혼서약을 하고 있다. 당시 대부분의 독일인들은 인구 100명이 되지 않는 작은 마을에 살았고, 자기 집 주변에 있는 밭에서 일했다.

나서서 1521년에 문을 닫게 했다).

일주일에 며칠씩 열린 넓은 장터는 시골 농민들이 가지고 온 물건들로 다채로운 볼거리가 많았다. 농민들의 장터는 1년에 두 번씩 중세식의 큰 시장을 열었고, 이때 수공업 길드 사람들이 공연을 하기도 했다. 장터의 대부분과 주요 도로의 일부는 포장이 되었으며, 꽤 깔끔한 상태로 관리했다. 밤이되면 읍내의 광장은 매우 어두워서 사람들은 등불을 들고 다녀야 했다. 성이포위될 때를 대비해 읍내에 물을 공급하기 위해 양쪽으로 파놓은 도랑에 발을 헛디디지 않도록 조심해야 했기 때문이다.

별로 호감이 가지 않을 법했을 비텐베르크였지만, 프리드리히 3세는 선제후국인 작센을 수도로 정한 다음, 1490년부터 이곳을 아름답게 꾸미기 위해노력했다. 루터가 이곳에 처음 왔던 1511년, 프리드리히는 성과 성곽교회를아름다운 고딕 양식으로 완전히 개조했다. 그런 다음 그는 크라나흐와 알브레흐트 뒤러 같은 유명한 화가들에게 교회의 내부를 장식하게 했다. 이 성곽교회는 '모든 성인의 재단'의 본부이기도 했으며, 프리드리히는 이곳에 자신이 모은 성인들의 유물을 보관했다.

이 유물들은 프리드리히의 열정이 고스란히 담긴 것이었다. 그는 이를테면세례 요한이 걸쳤다고 하는 옷의 조각이나, 모세의 불타는 떨기나무에서나왔다고 하는 잔가지 같은 것들을 모으러 다니는 데 평생을 바쳤다. 1518년, 마침내 그런 유물은 1만 9,000여 점에 달했다. 이런 유물들이아름다운 금·은·대리석 상자에 담겨 교회의 12개 복도에 진열되었다. 엄청나게 많은 신자들이 이 성곽교회(유물들이 특별한 공공관람을 위해 진열되었다)를 방문하여 성물 앞에서 기도를 하거나 면죄부를 사들임으로써 속죄를 하려고 했다. 그런 점에서 면죄부 판매가 중단되어야 한다고 한 루터의 주장에 프리드리히가 찬성한 것에는 모순이 있다.

프리드리히는 대체로 수줍음이 많고 조심스러웠으며, 경건한 사람이

었다. 정치적으로 신중했던 그는 루터와 직접 대면하는 대신에 모든 소통을 게오르크 슈팔라틴을 통해서 했다. 하지만 작센의 이 선제후는 일곱 선제후국의 한 군주로서 자신이 가지고 있던 정치적 힘을 효과적으로 이용하며 루터에게 상당히 듬직한 원군이 되어주었다. 프리드리히는 로마의 간섭으로부터 작센을 보호하기 위하여, 그리고 비텐베르크 대학의 명성을 유지하기 위하여 루터를 후원했다. 또한 그는 현명하게도, 만일 루터에게 무슨 위험이라도 닥친다면 루터가 받고 있던 대중적인 지지로 인해 시위가 발생할지도 모른다는 사실을 잘 알고 있었다.

루터가 대학교수로서 존경받는 입장에 있었으며, 넓은 바깥세상에서 엄청난 논란을 일으키고 있다는 사실은 스스로를 농부의 아들이라고 불렀던 그

자신으로서도 대단히 놀라운 일이었다. 사실 마르틴의 아버지 한스 루터는 확실한 농민계급 출신이긴 했지만, 광부가 되어 대단한 노력과 인내(큰아들에게 물려준 듯한 장점) 끝에 마침내 만스펠트에 있는 한 제련소의 주인이 되었다. 마르틴은 1483년에 아마 그곳에서 태어났을 것이다. 마르틴이 10세 정도 되었을 때, 한스는 지역사회에서 존경받는 인물이 되어 있었고, 자치의회 의원으로 뽑히기도 했다. 하지만 광산업이 항상 잘되는 것은 아니어서, 어린 마르틴은 늘 검소한 생활을 해야 했다. 어머니인 마르가레테는 종종 숲에서 땔감을 모아다가 집으로 가져왔다.

부모는 모두 경건한 사람들이었고, 대부분의 다른 이웃들과 마찬가지로 옛 독일의 이교적 관습을 기독교 신앙과 결합시키는 경향을 보였다. 그런 루터 집안에서 하느님은 엄격한 판관으로서, 죄를 고백하고 고행이나 선행을 행함으로써 비위를 맞추어야 할 대상이었다. 악마도 현실세계에 실제로 살고 있는 존재였다. 바람과 숲에 살고 있는 난쟁이나 요정이나 마녀도 마찬가지였다. 후에 받은 교육에도 불구하고 루터는 어릴 때 가지게 된 그러한 믿음에서 자유로울 수 없었다. 그래서 한번은 "여러 지역에 악마들이 살고 있다"는 말을 하기도 했던 것이다.

이런 수수한 중산층 집안 출신인 루터는 1501년 여름에 에르푸르트 대학에 들어갔다. 독일 중부의 주요 무역로가 교차하는 지점에 자리잡고 있던 에르푸르트는 경관이 매우 뛰어나서, 루터는 이곳을 새 베들레헴이라고 불렀다. 이 도시와 튀링겐 숲 사이에는 과수원과 포도밭과 근사한 꽃밭(이 지역 염색 산업을 떠받쳐준 아마, 사프란, 독일 쪽)이 있었다. 이들 다채로운 밭 한가운데

위의 그림에서 악마가 루터에게 선전포고문을 전해주고 있다. 왼쪽 그림에서 루터는 마녀 혐의를 받은 여인들에게 화형을 집행하고 있다. 루터와 그의 동시대인들에게 있어 사탄과 마녀는 죄와 죽음과 마찬가지로 영원히 경계해야 할 진짜 적이었다. 루터가 살아 있는 동안 비텐베르크에서는 네 명의 여인이 마녀 혐의로 화형당했다.

에 난공불락인 듯한 도시의 성벽과 윤곽이 솟아 있었다. 그중에서도 두 개의 거대한 성당의 탑이 두드러졌다. 에르푸르트의 교회 기관은 다양했다. 그중에는 거의 모든 서열의 수도원이 속해 있는 큰 교회가 11개나 있었다. 이런 수도원들은 교구, 수공업자 길드, 시의회, 대학 등과 함께 행렬이나 축하행사가 있으면 모두 참여했다. 그것도 저마다 독특하고 다양한 깃발과 십자가와 촛불을 들고 나타났다.

루터는 대학의 교양학부에서 먼저 공부를 시작했다. 학사 학위를 받은 그는 법학이나 의학이나 신학 같은 상급 과정으로 진학하고 싶어했다. 다른 모든 학생들과 마찬가지로 그는 기숙사 생활을 했다. 기숙사 생활은 수도원 생활과 대단히 닮은 점이 많았는데, 둘 다 엄격한 규제와 감독을 받았다. 기숙사에서 학생들은 새벽 4시면 일어나야 했고, 저녁 8시면 잠자리에 들어야 했다. 숙박 시설은 대단히 간소했다. 커다란 숙소와 공동 도서실이 있었으며, 하루 두 끼 식사에 고기는 1주일에 네 번만 나왔다. 경박한 행동은 눈총을 받았고, 이성과의 관계는 엄하게 금지되었다. 놀랄 것도 없이 일부 학생들은 이런 규율을 무시했으나, 마르틴 루터는 그런 부류가 아니었다. 그는 류트 연주를 배울 정도로 쾌활하고 즐길 줄도 아는 성격이긴 했지만, 골똘히 생각에 빠지기도 하고, 영적 은총을 추구하느라 고통스런 내면의 성찰과 자기 징계를 하기도 했다.

루터는 아버지가 바라던 대로 1505년에 법학 공부를 시작했다. 그해 6월, 그는 집에 갔다가 에르푸르트로 돌아오는 길에 갑자기 뇌우(雷雨)를 만나게 되었다. 곁에서 번개가 번쩍이자 그는

한 수사와 수녀가 금욕의 서약을 깨뜨린 듯, 친밀한 자세로 포도주를 함께 마시고 있다. 때때로 성직자들은 공공연하게 결혼에 준하는 생활을 하곤 했는데, 교회는 이렇게 빗나간 성직자들에게 벌금형을 내리기도 했다.

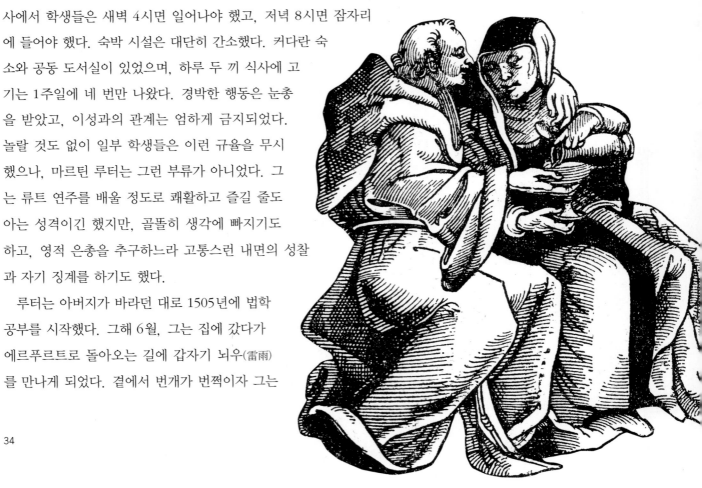

땅바닥에 납작하게 엎드렸다. 어린 시절부터 하느님께 보답해야 한다는 확신을 갖고 살았던 루터에게 이는 하느님의 존재를 곧바로 체험하는 순간이었다. "성 안나시여, 도와주소서. 저는 수도사가 되겠습니다." 루터는 폭풍이나 갑작스런 죽음의 위험이 닥칠 때 도움을 주는 성인에게 애원하며 외쳤다.

무사히 그 상황을 빠져나온 루터는 곧 자신이 한 맹세를 지켰다. 2주 후에 그는 아우구스티누스 수도회에 자신을 맡겼다. 이곳은 최근에 개혁을 거쳐서 엄격한 규율과 금욕생활로 되돌아간 몇 안 되는 곳 중의 하나였다. 질문을 받은 그는 수도원 생활의 부담을 기꺼이 질 준비가 되어 있다고 선언했다. 적은 식사와 거친 옷, 자기 의지의 폐기, 정욕의 억제, 가난의 고초, 구걸의 치욕을 모두 받아들이겠다고 한 것이다. 그는 머리 꼭대기 부분을 밀어버리는 삭발을 하고 수련 수사가 입는 옷으로 갈아입었다.

이 소식을 들은 아버지 한스 루터는 화가 나서 어쩔 줄을 몰랐다. 그는 분을 가라앉히고 2년 뒤 루터가 최초로 미사를 집행할 때 자리에 참석하기까지 했다. 하지만 미사가 끝난 뒤 기념 식사 시간에 그의 분노는 폭발했다. 한스는 천둥처럼 이렇게 외쳤다. "이 배웠다는 학자야, 너는 아버지와 어머니를 공경하라는 성경 구절도 읽어보지 못했느냐? 그래서 너는 나와 네 가엾은 어머니가 다 늙어도 알아서 살란 말이냐?" 아들은 깜짝 놀라 뒤로 물러섰지만, 끝내 뜻을 굽히지 않은 채 입을 다물고 있었다.

1511년에 루터는 비텐베르크 대학에서 종신직을 얻게 되었다. 이듬해에 그는 신학박사 학위를 받은 뒤 성경을 가르치기 시작했다. 이 무렵에 그는 성경을 정독했고, 이 경험은 그의 사고와 신앙에 심오한 영향을 끼쳤다. '로마서'에서 그는 사도 바울의 문장 하나와 마주쳤다. "의인은 믿음으로 살지니라." 루터는 자신의 구원 문제로 몇 년 동안 힘겨운 씨름을 해왔었다. 건강을 해칠 정도로 맹렬한 금식, 그칠 줄 모르는 고해, 그리고 여러 형태의 고행에도 불구하고 그는 하느님이 과연 자신의 죄를 용서했는가 하는 의문을 떨쳐버릴 수가 없었다. 그러다 바울의 이 말을 읽자마자 그는 자신이 구원받을 자격이 없을지도 모른다는 절망감이 해결되었음을 느꼈다. 그는 성 아우구스티누스의 글에서 자신의 발견을 뒷받침해주는 부분을 찾았다. 아우구스티누스는 구원받은 사람들은 "자신의 공로가 아니라 중재자의 은총에 의해서 선택받는데, 이는 그들이 의로운 것이 …거저 받는 은혜 때문"이라고 선언했다. 이런 말들이 루터에게 준 희망과 용기와 확신은 이후 로마와의 단절에 이르게 하는 일련의 행동이 가능하게 해주었다.

아우크스부르크에서 카예탄으로부터 악의에 찬 심문을 받은 뒤 이듬해, 95개조의 반박문에서 제기한 문제에 대한 루터의 사고와 글은 더욱 깊어지고 확장되었다. 그의 지지자들이 비텐베르크의 루터에게로 몰려들었다. 루터의 따뜻하고 친화력 있는 성품 때문에 사람들이 더욱 그에게로 몰렸다. 그의 꿰뚫는 듯한 바리톤 목소리는 매우 듣기가 좋았고 외치지 않아도 잘 들렸다. 학생들도 그의 강연을 듣기 위해 찾아왔다. 그가 작은 수도원에서 수사들에게 설교를 할 때면, 몰려드는 군중을 수용하기 위해 읍내의 더 큰 교회(성곽교회보다 훨씬 더 오래된 별도의 건물)로 장소를 옮겨야 했다.

루터의 영향을 받은 사람들 가운데는 신학 박사인 안드레아스 카를슈타트, 그리고 젊은 천재이자 그리스 어 교수인 필리프 멜란히톤이 있었다. 멜란히톤은 루터와 함께 사도 바울의 말을 해석하기로 했다. 루터는 몇 년 뒤 카를슈타트와는 갈라서게 되지만, 멜란히톤은 평생토록 그의 절친한 친구로 남아 있었다. 멜란히톤은 루터에 대해 이렇게 쓴 적이 있다. "지상에서 그보다 더 위대한 인물은 없었다. 나는 이 사람과 결별하느니 차라리 죽음을 택할 것이다." 물론 루터의 가장 믿을 만한 동지 가운데는 프리드리히의 비서이자 궁중 설교자였던 게오르크 슈팔라틴이 있었다. 슈팔라틴의 빈틈없는 중재와 시의적절한 개입 덕분에 교황과 제국의 위협에도 불구하고 루터가 살아남을 수 있었다고 해도 과언이 아닐 것이다.

울리히 폰 후텐과 프란츠 폰 지킹겐 같은 제국의 반항적인 기사들도 비텐베르크의 루터 교수에게 달려왔다. 두 기사들, 특히 후텐은 로마에 대한 루터의 저항에 일종의 애국적인 의미를 부여해주었다. 그들이 보기에 이 싸움은 외세의 간섭으로부터 독일을 자유롭게 하는 것이었다.

7월에 라이프치히에서 열린 논쟁에서 루터는 도미니쿠스 수도회 수사이자 잉골슈타트 대학의 교수인 요한 에크와 대결을 벌였다. 여기서 루터는 기독교 초기에 로마 바깥의 주교들은 로마의 승인을 받지도 않았고 로마에 종속되지도 않았다는 점을 지적하며, 로마에 있는 교황의 우월성과 그 직무가 신성의 원천이 될 수는 없다고 논박했다. 예를 들어, 그리스의 주교들은 로마 교황의 우월성을 인정한 적이 한 번도 없었다고 했다. 이러한 루터의 발언은 로마 가톨릭 교회의 전 위계에 도전하는 것이었다.

권위에 대한 이러한 직접적인 공격에도 불구하고 로마는 놀랍게도 잠잠했다. 1519년 1월에 황제 막시밀리안 1세가 사망하면서 교황은 제국의 계승자를 고르는 데 모든 관심을 쏟고 있었기 때문이다. 루터는 이런 소강상태를 잘 이용했다. 그는 계속해서 자신의 사상에 대해 설교를 했고, 자신의 입장을 설명해주는 논문을 출간했으며, 자신에 대한 비판에 반응했다. 1519년 초, 스위스 바젤의 한 인쇄업자가 책 한 권을 들고 왔다. 95개조의 반박문과 그에 대한 설명이 붙은 해설서가 담긴 책이었다.

루터의 저술은 대단히 인기가 좋았다. 이 신학자의 혁명적인 사상은 풍부하고 힘 있는 독일어로 전달되었다. 또 거기에는 재미있는 격언과 실제적인 표현이 가득했다. 그의 글은 놀라운 이미지를 창조해냈고 강렬한 감정을 불러일으켰다. 인쇄업자들은 그가 쓴 것들은 무엇이든 잡아챘다. 루터가 최근에 쓴 글의 교정지를 한 아름 안은 인쇄업자의 도제가 비텐베르크의 거리를 달려가서, 루터가 교정을 보는 동안 안절부절못하고 기다린다. 고친 부분을 받으면 인쇄소로 황급히 돌아갈 궁리만 하고 있는 그들의 모습을 보는 것은 흔한 일이었다. 다행히도 루터는 다작형으로, 1년에 20편에서 30편의 글을 썼다.

"댐은 무너졌고, 나는 그 물살을 막을 수가 없다."

대부분의 출판물은 소책자(팸플릿) 형식이었다. 6~8페이지 분량의 소책자들은 값도 쌌고, 그만큼 널리 퍼져나갔다. 인쇄의 주요 거점인 바젤의 한 출판업자는 루터에게 보낸 편지에서 그의 책 600권을 프랑스와 스페인으로 보냈으며, 그외 상당수를 이탈리아의 한 서적상에게 보냈다고 했다. "우리는 선생님의 책을 10권만 남기고 다 팔아버렸습니다. 이렇게 책이 빨리 나가는 건 처음입니다." 루터는 어느 동창으로부터 편지를 받았는데, 로마의 루터 추종자들이 목숨을 걸고 바티칸의 바로 코앞에서 종교 개혁가 루터의 소책자를 배포하고 있다는 내용이었다.

1520년 1월, 루터 문제가 더이상 미루기에는 너무 긴급한 사안이 되어버리자 바티칸은 이 수사에 대하여 새로운 조치를 취하기 시작했다. 로마는 상당한 고심 끝에 1520년 6월, '엑수르게 도미네(Exsurge Domine)'라는 교황의 교서를 선포했다. 루터는 60일(교서를 실제로 받은 날로부터) 안에 그릇되고 이단적인 주장을 철회하든지, 아니면 파문을 당할 것인지를 선택해야 했다. 그러는 동안 그의 책은 불태워지게 되었다.

그런데 16세기 이 무렵의 통신과 교통은 대단히 느렸고, 교회와 제국 사이에 미묘한 정치적 관계가 있었기 때문에 루터의 책은 오히려 더 많이 팔려나갔다. 먼저 교황의 두 사절이 중부 독일과 제국의 기타 지역에 파견되어 교황의 교서를 배포하기 시작했다. 그렇게 하기 위해서는 교서를 다시 찍어야 했을 뿐만 아니라, 세속 당국에게 배포를 위한 협조를 구해야 했다. 결국 세 지역에서만(그중 하나는 작센의 오랜 라이벌이었던 브란덴부르크였다) 교서가 공식적으로 게시될 수 있었다.

다른 여러 지역에서는 보통사람들 중 다수가 루터의 편이었기 때문에, 당국은 대세를 거스르기를 꺼려하거나 그에 동정적인 입장이었다. 심지어 주교들까지도 주저하여 6개월 동안이나 교서를 발간하지 않고 묶어두기도 했다. 바이에른 공국의 공(公)은 교서를 발간하면 폭동이 일어날까 봐 두려워했다. 실제로 교황의 사절이 교서를 겨우 찍어내는 데 성공한 에르푸르트에서는, 루터 모교의 학생들이 교서를 "허풍(balloon, 교서를 뜻하는 'bull'을 풍선이란 뜻인 'balloon'에 빗대어 쓴 듯—옮긴이)"이라 부르며 강물에 던져버리고 물에 뜨는지 살펴보기도 했다. 루터의 지지자들은 루터가 제대로 된 법정에서 공정한 증

인쇄소에서 세 식자공(植字工)이 조판을 하고(왼쪽), 한 사람은 잉크를 묻히고(뒤쪽), 또 한 사람은 두 인쇄기 중 하나를 작동하고 있다(오른쪽). 한 도제는 인쇄된 종이를 가운데 테이블에 쌓고 있다. 1440년경에 발명된 납으로 된 이동식 활판으로 책의 대량생산이 가능해졌다. 1500년경에는 200곳 이상의 유럽 도시에서 인쇄기를 보유하게 되었다.

언을 할 기회가 주어지지 않았다며 황제에게 건의하기도 했다.

교황의 교서가 루터에게 전달되기까지는 3개월이 걸렸다. 그 사이 루터는 계속해서 책을 펴냈다. 8월에는 〈독일 귀족에게 고함〉이라는 책에서 포괄적인 종교개혁 프로그램을 제시했다. 그중에서 무엇보다도 그는 황제와 세속의 군주들에게 교권의 간섭과 강탈로부터 신민들을 보호할 것을 요청했다. 루터는 교회가 현세의 소유와 권리를 포기해야 하며, 교회의 소득(성직에 대한 초입세, 면죄부, 십자군 전쟁세, 기타 여러 부과금)을 없애야 한다고 선언했다. 그리고 성직자에게도 결혼을 허용해야 하며, 성직의 수를 줄여야 하고, 돌이킬 수 없는 서약이 있어서는 안된다고도 했다. 또한 성경 해석에 있어서 교황에게 우선적인 권한을 줄 수 없다고 했다. 그 모든 주장 밑에는 교회의 타락상에 대한 분노가 들끓고 있었다.

9월에 이 종교 개혁가는 그 당시까지 나왔던 것 중 가장 과격한 출판물인 〈교회의 바빌론 유수〉를 발표했다. 그는 소위 사제라는 소수의 선택받은 자들이 신자들에게 은총을 부여해주는 수단이 되는

영세(세례)는 사제들만이 할 수 있는 성사라는 가톨릭 신앙에 도전하여, 평신도와 루터의 지지자 필리프 멜란히톤이 아기에게 세례를 하고 있다(위쪽). 오른쪽 그림에서는 비텐베르크에서 루터와 그의 추종자들이 파문의 위협이 담긴 교황의 교서와 교회의 법전들을 화톳불에 태워버리고 있다. 이 사건은 루터의 신앙을 최초로 체계화하여 알린 멜란히톤이 도전적으로 공표를 했다. 루터는 이 재능 넘치는 비텐베르크 교수에 대하여 이렇게 쓴 바 있다. "이 작은 그리스 어 교수는 신학에 관한 한 나를 능가한다."

견진(堅振) · 신품(神品) · 혼배(婚配) · 종부(終傅) 같은 성사를 부정했다. 이 네 의식이 신약성서 어디에도 명시된 바가 없으며, 따라서 그리스도가 직접 행했던 성사가 아니었다는 근거 때문이었다. 그는 이런 성사들은 시대가 흐르면서 교회가 자체의 목적에 따라 만들어낸 것이라고 주장했다. 그래서 그는 영세(領洗), 성체(聖體), 그리고 복음서적 의미의 고해(告解) 성사만을 유지해야 한다고 했다. 이는 여러 세기 동안 쌓여온 교황의 교의적 권위에 도전하는 과격한 사상이었다.

10월 10일, 마침내 교황의 교서가 비텐베르크에 있는 루터에게 당도했다. 같은 달에 막시밀리안의 19세 된 손자인 스페인의 카를로스 1세는 신성 로마

제국의 황제 카를 5세가 되어 왕위에 올랐다. 이 무렵 루터 수사는 자신과 로마의 결별을 돌이킬 수 없는 현실로 받아들였다. 교황의 법이 그를 비난한다면 그 역시 맞받아서 교황을 비난할 준비가 되어 있었다. 10월과 11월에 루터는 루뱅, 리에주, 쾰른에서 자신의 책이 불태워졌다는 소식을 들었다. 12월 10일, 필리프 멜란히톤은 학생들과 대학 교직원들에게 화톳불 행사에 참석해달라고 요청했다. 그날 밤 10시, 학술 신학 및 교회 법규(중세 내내 유럽의 세속 법규에 영향을 끼친) 서적들이 불더미에 내던져졌다.

화톳불은 정해진 시간에 점화되었다. 불길이 치솟자 루터를 지지하던 학생들과 신학자들은 교회 법규나 루터의 적들이 쓴 글을 잇달아 불더미에 던졌다. 뒤이어 루터가 떨리는 손으로 교황의 교서를 들고 나타났다. 거센 불길에 최대한 다가선 루터는 시편 21장을 연상시키는 이야기를 하기 시작했다. "네가 하느님의 진리를 잘못 알았으니, 오늘 주님도 너를 그리 아시노라. 너를 화형에 처하노라!" 그렇게 그는 교황의 교서를 지옥으로 보내고 뒤로 물러섰다. 그런 다음 학생들은 교황의 교서 한 부를 장대에 매달고 면죄부를 칼끝에 걸고는 가두행진을 했다.

프리드리히는 그 어느 때보다 대담하게 황실 법정에 편지를 보내 루터의 행동을 용서해달라고 했다. 그는 루터가 "그리스도인의 이름에 합당하는 모든 것"을 다 할 준비가 되어 있다고 누차 밝혔음에도 그의 책이 불살라지는 꼴을 당했다고 지적했다. 프리드리히는 또 자신도 항상 루터가 "증언 없이 심판받거나 그의 책을 불살라서는 곤란하다"는 이야기를 했다고 썼다. 그리고 마침내 이 선제후는 이렇게까지 덧붙였다. "그가 한 행동이 자신이 받은 처우대로 되갚는 것이라면 폐하께서 너그러이 보아주시기를 바랍니다."

루터가 주장을 철회하지 않자 로마는 1521년 1월, 그를 공식적으로 파문했다. 자칭 신앙의 수호자인 새 황제는 어떻게 했을까? 교회와 교황의 영예를 목숨을 걸고 지키겠다고 약속한 자신의 말에 따르자면, 카를은 로마가 주도하는 대로 신속하게 따라야 했을 것이다. 하지만 그는 제국의 법도 따라야 했다. 제국 법률에는 어떠한 독일인도 독일 영토 바깥에서 재판을 받아서는 안 된다는 조항이 명기되어 있었던 것이다. 아울러 어떠한 독일인도 증언 없이 법률상의 보호를 박탈당할 수 없다는 조항도 있었다. 결국 상당히 옥신각신한 끝에 1521년 4월, 마르틴 루터는 신성 로마 제국의 보름스 의회에 증언을 하기 위해 출석하게 되었다.

그에 앞서 1월에 일반 총회라고 할 수 있는 제국의회가 독일 남서부의 도시 보름스에서 소집되었다. 독일 공국들의 문제를 주로 다루었으나, 사안이 국제적인 것이어서 스페인·이탈리아·프랑스·영국의 대표들도 참가했다. 다양한 법률상의 문제와 더불어, 카를 5세가 로마에서 열리는 공식 대관식에 참석하기 위해 떠나는 여행의 경비를 조달하기 위한 투표가 있기도 했다. 여기서 독일인들은 '로마에 대한 독일의 불만'을 토로하기도 했다. 면죄부 판매를 포함한 로마의 착취에 대하여 문제를 제기한 것이다.

그들의 불만은 루터 문제의 핵심이기도 했다. 평신도들 중 일부는 루터의 종교적 쟁점을 지역 자치의 보호 및 교황의 사법권에 반하는 독일 관습법의 보호 차원으로 해석했다. 이는 루터의 가르침을 단순히 영적인 차원에서만 해석하는 것보다 훨씬 더 많은 지지를 얻어낼 수 있었다. 루터에 대한 지지에는 분명히 반로마 정서가 상당 부분을 차지했다. 그리고 이 종교 개혁가의 여러 동포들은 그를 독일민족의 화신으로 보았다.

비텐베르크에서 보름스로 가는 여행은 루터가 3년 전에 아우크스부르크로 갈 때와는 대조적으로 마치 개선행진 같았다. 황제의 사자(使者)들의 호위를 받으며 동료들과 함께 말 세 마리가 끄는 마차를 타고 길을 떠난 루터는 어디를 가나 환호하는 군중들에게 둘러싸였다. 교황 사절인 알레안드로는 연초에 로마에 이렇게 보고한 바 있다. "독일 전체가 떠들썩합니다. 열의 아홉은

'루터'를 외치고 다니며, 루터가 자신들과 아무 상관이 없는 나머지 하나도 '로마 법정은 지옥에나 가라!'는 구호를 외치고 있습니다."

이 무렵 수척해 보이던 젊은 날의 루터의 모습은 당당한 풍채로 변해가고 있었다. 강한 눈빛은 여전히 열정으로 불타고 있었으며, 보름스로 가는 길에 행한 강렬한 설교는 매번 군중의 마음에 불을 지폈다. 그의 글만 읽었던 사람들은 그의 설교를 직접 들으면서 그에 대한 존경심을 재차 확인했다. 에르푸르트에서 그의 일행은 기병 40명의 호송을 받으며 시내로 들어갔다. 그의 설교를 들으러 온 사람이 너무 많아서 그가 설교를 했던 교회 발코니가 삐걱거릴 정도였다.

황제가 안전을 보장하겠다는 약속을 이미 어겼다는 여러 사람들의 경고와, 보름스에 있는 사자굴로 들어가지 말라는 몇몇 지지자들의 간곡한 만류에도 불구하고 루터는 마침내 4월 16일 아침 10시에 시 외곽에 도착했다. 기병 100명이 나와서 그를 호송하려고 했으나 대문 안에 수많은 사람들이 몰려 있어서 들어가기가 몹시 힘들었다. 수천 명의 군중들이 거리를 가득 메웠고, 창문에 매달려서 내다보는 사람과 나무 그늘 아래에 웅크리고 자리를 잡은 사람도 있었다. 루터가 묵기로 되어 있던 숙소에서는 한 수사가 무릎을 꿇은 채 그의 옷자락을 붙잡고 그를 성인 보듯이 바라보았다. 루터는 군중들을 향해 이렇게 말했다. "하느님은 나와 함께 하실 것이다." 그는 고개를 돌린 뒤 곧 안으로 들어갔다.

루터의 제국의회 참석은 4월 17일 오후 늦게 시작되었다. 제국의회 의원들은 루터에게 단 두 가지의 질문만 하기로 결정했다. 문제의 책들이 자신의 글임을 인정하느냐 하는 점과, 그것들 중 일부나 전부를 철회할 용의가 있느냐 하는 점이었다. 루터는 아우크스부르크에서와 마찬가지로 또 한 번 당황해야 했다. 그는 감정을 억누른 채 입장을 정리하기 위해 하루를 더 달라고

| 글과 이미지의 전쟁 |

15세기에 인쇄기가 발명되면서 가톨릭 교회는 처음으로 증서 형태의 면죄부를 대량으로 찍어내기 시작했다. 프로테스탄트들은 1520년대와 1530년대에 종교개혁을 지지하는 소책자와 설교문과 책을 유럽 전역에 대량 유포함으로써 이에 맞섰다. 1523년에만도 500개에 달하는 글들이 발간되었는데(이중 3분의 1이 루터의 글이었다), 그 중 약 80%는 종교개혁을 다루고 있었다. 16세기 중반까지 약 1만 건의 프로테스탄트 글이 인쇄되어 배포되었다.

종교개혁 진영에서 널리 선전한 공통된 두 주제는 참된 교회 대 그릇된 교회, 그리스도 대 반그리스도의 대립이었다. 그 둘에서 후자는 교황이었다. 수도원이 가져오는 폐해에 대한 공격도 있었다. 소책자의 저자들은 수사와 수녀를 탐식, 술, 성적 부도덕 등의 경멸스런 행위에 빠져 헤어날 줄을 모르는, 사회의 기생충과 같은 존재로 묘사했다. 어느 작가는 수도회를 "몸과 영혼과 명예와 선행을 망쳐버리는 곳"이라고 폄하하면서 교황을 "엄청나게 사나운 바빌로니아 창녀"라고 불렀다.

소책자 저자들은 평신도들에 대해서도 교회의 말에 너무 잘 속으며, 무서워

루터의 저술 중에서 적어도 9군데에서 나타나는 1520년대의 이 유명한 목판화에는, 후광을 받은 루터의 머리 위로 성령을 상징하는 비둘기가 날고 있다.

가톨릭 계의 어느 삽화는 루터를 머리 일곱 달린 괴물로 묘사하고 있다(아래). 그것은 신학 박사, 수사, 불신자, 설교자, 호박벌이 우글우글 몰려드는 미치광이, 스스로 권좌에 오른 교황, 성경의 유명한 도둑 바라바다.

서 교회의 말이면 무조건 받아들이는 태도에 대하여 숱하게 조롱했다. 한때 프란체스코 수도회 소속이었던 하인리히 폰 케텐바흐는 이렇게 쓰기도 했다. "죽음에 직면하면 사람들은 미신과 대단히 맹목적인 숭배에 쉽게 끌려버린다. 아무도 자기 구원을 위해 진정으로 예수 그리스도를 믿지 않는다."

작가들은 자신들이 쓴 20페이지 안팎 분량의 소책자가 사람들이 모인 자리에서 크게 읽혀지기를 바랐다. 전체 인구 중에서 글을 읽을 수 있는 사람은 소수였기 때문이다. 그림으로 생각을 전달하는 경우도 많았는데, 대부분의 책에는 목판화 삽화가 있었다. 루터는 한 책에서 이렇게 쓴 바 있다. "이미지가 없으면 우리

는 아무 생각도 할 수 없고 아무것도 이해할 수 없다." 1521년, 루카스 크라나흐는 교황과 예수를 호의적이지 않게 비교하는 26개의 목판화를 찍어냈다. 이 그림들은 비텐베르크 교수이자 루터의 동지인 필리프 멜란히톤이 주석을 달고 〈그리스도와 반그리스도의 수난기〉란 제목으로 출간되었다.

프로테스탄트의 출판물들은 보다 성경적인 교회와 보다 정의로운 사회에 대한 희망을 담고 있었다. 작가들은 평신도가 직접 성경을 연구하고 해석할 권리를 갖고 있다는 메시지를 전달하려고 노력했다. 한 작가는 이렇게 말했다. "우리 어린 양들에게도 목자의 교리와 설교를 판단할 권리가 있다."

추기경을 묘사한 이 기발한 풍자만화에서 작가는 성직자의 본질에 대한 자신의 의견을 드러내고 있다. 이 그림을 거꾸로 보면 추기경은 어릿광대가 된다.

루카스 크라나흐와 필리프 멜란히톤의 유명한 〈그리스도와 반그리스도의 수난기〉에 나오는 두 그림을 보면 예수 그리스도의 삶과 교황의 삶이 대조된다. 맨 왼쪽에 있는 성경의 한 장면에서, 예수가 제자의 발을 씻고 있는 반면에, 왼쪽 그림에서는 왕이 교황의 발에 입을 맞추고 있다.

이 끔찍한 괴물의 박쥐 같은 날개는 악마와 한통속이라는 인상을 심어주고 있으며, 괴물의 삐뚤어진 3층짜리 왕관과 십자가 수가 놓인 슬리퍼는 교황을 뜻한다는 것을 분명히 보여주고 있다.

요청했다.

다음날 밤, 사람이 가득 찬 의회 홀에 횃불이 번쩍이는 가운데 그는 독일어로 10분 동안 답변을 했다. 나중에는 그것을 라틴 어로도 반복했다. 참석한 다른 여러 사람들과 마찬가지로 카를 5세는 독일어도, 라틴 어도 몰랐기 때문에 통역자들이 설명하느라 매우 바빴다. 루터는 일어나서 두려움 없는 큰소리로 자신이 쓴 모든 글에서 벗어나지 않는 이야기를 했다. 그중 일부는 아주 간단한 기독교 진리여서 그를 반대하는 사람들조차도 인정할 수 밖에 없는 내용이었다. 그런 진실을 철회한다는 것은 생각도 할 수 없는 일이었다. 그의 책들 중 일부는 교황권의 행사를 비판하고, 교회에 대한 교황의 지배와 관리를 돕는 로마 교황청을 비난하는 내용이었다. 그리고 일부는 교회의 법규를 비난하는 내용이었다. 그것이 잘못이라고 한다면 압제를 강화하고 믿음을 저버리는 길로 난 문을 열어주는 것과 마찬가지인 것이었다. 루터는 이렇게 외쳤다. "세상에! 그렇게 해서 저더러 악과 압제의 앞잡이가 되란 말입니까?" 의회 위에, 교황 위에 성경이 있었다. 그는 자신의 책이 성경에 바탕을 둔 비판에 따라 그릇된 점이 드러난다면 자신이 기꺼이 그것들을 불구덩이 속에 던져넣겠다고 선언했다.

하지만 제국의회는 그와 논쟁을 벌이고 싶은 생각이 없었다. 의원들은 루터에게 이단적 언설에 관해 제기한 질문에 대해서만 답변하기를 요구했다. 루터는 단호하고 뚜렷

한 목소리로 이렇게 답변했다. "성경의 증언에 따라, 아니면 **명확한 근거**(전적으로 교황이나 의회만을 신뢰할 수 없는 것은, 그들도 종종 실수를 범하고 모순되는 언행을 했다는 사실이 잘 알려져 있기 때문입니다)에 따라 납득하게 되지 않는 이상, 저는 제가 인용한 성경에 의지할 수밖에 없으며, 제 양심은 하느님의 말씀에 따를 뿐입니다. 저는 아무것도 철회할 수도, 그럴 생각도 없습니다. 양심을 거스르는 것은 안전하지도, 또한 옳지도 않기 때문입니다. 하느님이시여, 저를 도와주소서. 아멘."

홀은 갑자기 소란스레 들썩이기 시작했다. 의원 중 하나는 루터와 논쟁을 벌였으며, 화가 치솟은 황제는 벌떡 일어나서 밖으로 홱 나가버렸다. 회의가 끝날 무렵, 청중 속에 있던 스페인 사람들은 빈정거리며 이렇게 외쳤다. "화형을 시켜버려라!" 하지만 친구들에게 둘러싸인 루터는 밖에 나가서 의기양양하게 이렇게 받아쳤다. "이미 통과했다. 이미 통과했어!"

카를은 4월 19일에 독일 군주들을 불러모았다. 무정해 보이는 젊은 얼굴의 황제는 회청색 눈을 번득이며 가만히 회중을 바라보았다. 그 표정은 사람들에게 콘스탄츠에서 사형선고를 받은 이단자 얀 후스의 운명을 상기시켰다. "짐은 콘스탄츠 공의회 이후에 일어난 모든 일을 굳게 지키고자 한다. 일개 수사가 기독교계 전체의 의견에 반발하고 일어난 것은 분명히 실수다. …따라서 짐은 짐의 왕국과 주권, 짐의 친구들, 짐의 몸, 짐의 피와 생명과 영혼을 바칠 각오가 되어 있다." 황제는 비장하게 맹세를 했다. "지금부터 짐은 루터를 악독한 이단으로 간주한다."

그러자 사람들은 위험을 무릅쓰고 루터를 돕기 위해 그의 주변으로 몰려들었다. 독일을 지배하기 위해 온 외국인들에 맞서 싸우는 한 젊은 독일인 수사에게 감명을 받은 귀족과 기사들도 있었다. 보름스에는 루터를 지지하는 팻말들이 여기저기에 나타났다. 그중에는 "분트슈! 분트슈! 분트슈!"라고 쓴 것도 있었다. 농민들의 가죽신을 뜻하는 이 말은 농민반란의 상징이기도 했다. 어린 황제를 비웃는 글귀도 있었다. "아이가 왕 노릇 하는 나라에 화 있을진저!" 하지만 카를은 위축되지 않았다. 그는 루터가 비텐베르크로 안전하게 돌아갈 수 있도록 안전통행권을 보장해주겠다고 했다. 하지만 그 다음은 당국이 그를 해하는 조치를 취할 것이 뻔했다. 안전통행권은 루터가 집으로 돌아가는 동안에 설교를 하지 않는다는 조건으로 발부되었다. 4월 26일, 루터와 몇몇 동료들은 보름스를 떠나 비텐베르크로 향했다. 하지만 이 종교 개혁가는 결코 목적지에 도달하지 못했다.

　보름스를 떠난 지 며칠 되지 않아서 그는 황제와의 약속을 깨고 집으로 가는 길에 두 마을에서 설교를 했다. 두 번째 설교를 한 다음날인 5월 4일, 그와 두 동료와 마부는 마차를 타고 구불구불한 튀링겐 숲을 헤치며 북쪽으로 달리고 있었다. 그때 난데없이 나무 사이에서 무장한 기병들이 뛰쳐나왔다. 루터의 일행 중 한 사람은 마차에서 급히 빠져나와 달아났다. 하지만 괴한들이 마부를 후려쳐서 마차 밖으로 떨어지게 하고 루터와 남은 동료에게 석궁(石弓)을 겨냥하자 더 이상의 탈출은 불가능했다. 기병들은 이 여행자들의 이름을 대라고 요구했다. 루터가 자기 이름을 대자 기병들이 그를 끌어내더니 서둘러 숲속으로 데려가버렸다. 루터의 동료들이 사람들에게 이 끔찍한 이야기를 전해주자 소식은 전 유럽으로 퍼져나갔다. 많은 사람들은 이 종교 개혁가가 살해되었을 것이라고 확신했다. 독일 화가 알브레흐트 뒤러는 일기에 이렇게 적기도 했다. "오, 하느님! 루터가 죽고 나면 과연 누가 우리에게 성스러운 복음을 그토록 명쾌하게 가르쳐줄 수 있겠습니까?"

　하지만 루터의 친구인 니콜라우스 폰 암스도르프는 이 종교 지도자가 무사히 살아 있을 것이라고 확신할 만한 충분한 근거를 가지고 있었다. 납치범들이 나무 사이로 뛰쳐나왔을 때 루터는 암스도르프에게 기대며 이렇게 속삭였던 것이다. "너무 놀라지 말게. 저들은 우리 편이네."

　자세히 듣지는 못했지만, 루터는 보름스를 떠나기 전부터 그를 안전한 곳

으로 피신시킬 비밀계획이 서 있다는 사실을 알고 있었다. 프리드리히가 간접적으로 시키기는 했으나, 그로서도 루터가 어떻게 납치된다거나 어디로 가 있게 되는지 알 수 없게 되어 있었다. 그렇게 해야 이 선제후는 이 문제에 대하여 질문을 받으면 자기도 모른다고 변론할 수 있으며, 그럼으로써 교회가 취할지도 모르는 조치를 피할 수 있을 것이라 생각했던 것이다. 한 동시대인은 나중에 이렇게 썼다. "의회에서도 많은 사람들은 이것이 진짜 납치인 줄 알았으니 비밀로 하기를 잘한 것이다."

루터를 납치한 사람들은 그를 데리고 프리드리히의 성들 중 하나인 바르트부르크로 갔다. 이곳은 루터가 마지막으로 설교했던 아이제나흐에서 멀리 떨어져 있지 않은, 사람이 거의 살지 않는 요새였다. 이곳에서 변장을 위해 그는 정수리의 삭발한 부분과 수염이 길게 자랄 때까지 방에 숨어 있어야 했다. 그는 10개월 동안 외르그라는 이름으로 융커(지방귀족) 또는 기사 행세를 했다. 바르트부르크 사람들 대부분은 이 귀족의 정체를 전혀 모르고 살았다. 지방귀족 외르그는 신성 로마 제국 황제로부터 작위를 받는 말단 귀족인 제국 기사들 중 하나로 보였다. 융커들은 경제적 · 정치적 역할이 미약해져감에 따라 어려운 시기를 맞고 있었다. 이들 중 상당수는 가톨릭 교회에 봉사하고 싶다는 바람을 이룰 수 없었고, 그런 불만족 때문에 이들 중에서 종교개혁을 지지하는 사람들이 많았다.

1517년부터 마인츠 대주교이자 선제후였던 알브레히트 밑에서 일해오던 울리히 폰 후텐은 궁정에서 봉사하는 생활을 그만두고 자기 성으로 돌아가라는 권고를 받자 화를 내며 자기 처지를 비관했다. "편안하고 평온하고 태평스러운 삶을 사는 이 도시 사람들아, 당신들은 나 같은 자리에 있는 사람이 시골로 되돌아가서 평화롭게 조용히 살 수 있다고 생각하는가? 당신들은 나 같은 사람이 격동과 불안정에 의지할 수밖에 없다는 것을 그리도 모른단 말이냐?"

후텐은 또 기사 생활의 어려움을 낱낱이 열거하기 시작했다. "우리는 들과 숲과 방비가 단단한 요새에서 나날을 보낸다. 우리는 근근이 생활해가는 굶주린 농민들에게 우리 땅을 빌려준다. 그런 빈농들에게서 우리 수입을 걷어야 하는데, 그들의 노동에 비해 소득은 정말 터무니없다." 더욱이 그는 대부분의 기사들이 '안정에 대한 우리의 희망이 달려 있는' 군주에게 의존하고 있으며, 그러한 안정조차도 불확실하다고 했다. "내가 만일 우리 군주와 전쟁을 벌인 사람의 손아귀에 떨어지게 되면, 그들은 나를 붙들어놓고 …운이 나쁠 경우 나는 내 전재산의 절반을 몸값으로 잃고

비텐베르크 교회에서 마르틴 루터가 자신에게 매료된 청중들에게 설교를 하고 있다. 이 아우구스티누스 수도회 수사는, 원래 시의회로부터 "자신의 의지에 반하여" 교회에서 설교를 하도록 선택받자 설교단에 서는 것을 대단히 부끄럽게 여기던 사람이었다. 그러던 그는 당대 가장 뛰어난 설교자가 되었다.

말 것이다." 그래서 후텐은 "나는 갑옷을 입지 않고는 집에서 단 1km도 나갈 수 없다"고 말했다.

'집'에 대해 말하자면, 후텐은 방어용으로 지은 기사들의 돌 성곽에는 내세울 만한 편리가 거의 없다고 했다. "해자와 성곽에 둘러싸인 성들은 안이 좁고 대단히 붐빈다. 돼지와 소가 자리를 더 차지하기 위해 사람과 경쟁을 해야 하고, 어두운 방에는 총과 송진과 유황 등의 전쟁 물자가 가득하다. 화약의 악취가 진동을 하면서 개와 똥 같은 냄새들과 섞인다. 기사들과 가신들이 오가는데, 그 가운데는 도둑과 노상강도가 널려 있다. 우리의 집들은 누구에게나 개방되어 있으니, 무장만 하고 있으면 우리가 무슨 재주로 누가 누군지 알 수 있겠는가?"

이 기사는 도시의 부산함으로부터는 멀리 떨어져서 살았다. 하지만 어디를 가도 '평화와 평온'은 찾아볼 수 없었다. "언제나 양이 '매애' 우는 소리, 소가 '음매' 우는 소리, 개가 짖는 소리가 그칠 줄을 모른다. 사람들이 밭에서 일하며 내는 소음과 수레나 마차가 삐걱대는 소음도 끊임없이 들려온다. 들판 너머에서는 늑대가 울부짖는 소리도 들려온다."

후텐의 성이 그에게 걱정과 불안의 원천이 될 정도로 소음과 악취가 심했다 하더라도, 잠시 머물게 된 바르트부르크는 루터에게는 보름스에서의 대결 끝에 한숨을 돌릴 수 있는 편안한 곳이었다. 그는 숲과 들에서 오랫동안 산책을 하곤 했다. 한번은 사냥을 따라가기도 했는데, 그는 사냥에는 영 소질이 없었다. 나중에 그는 이렇게 썼다. "나는 엄청나게 애를 써서 어린 토끼 한 마리를 구해낸 다음 내 망토 속에 숨겼다." 하지만 그가 안전하다 싶은 곳에서 토끼를 풀어주자 개들이 냄새를 맡고 달려와서는 덮쳐버렸다. "교황과 사탄도 마찬가지로 영혼들을 죽이기 위해 발광을 하지만 내 노력만으로는 막을 수가 없다."

루터는 바르트부르크에서 보낸 시간의 대부분을 글쓰기에 열정적으로 쏟았

오른쪽 사진은 마르틴 루터가 보름스 의회에 이어 기사로 변장하고 은신을 하던 바르트부르크의 성이다. 하지만 육신의 안전은 보장이 되었어도 그의 영적 투쟁은 계속 전개되었다. 그는 동료에게 보낸 한 편지에서 "이 한가한 고독 속에서도 사탄과 벌이고 있는 싸움이 천 개는 된다"고 했다.

는데, 다른 무엇보다도 신약성서를 독일어로 번역하는 일을 끝낼 수 있었다. 그런데 비텐부르크의 지지자들이 종교개혁을 너무 급하게 추진하고 있다는 걱정스러운 소식을 듣게 되었다. 예를 들어, 설교와 저술을 통해 평신도들을 일깨우던 안드레아스 카를슈타트는 12월 22일, 신년 첫날에 성곽교회에서 간단하고 복음주의적인 성찬 기념을 하겠다고 발표했다. 선제후의 참모들이 이 일을 막으려고 했지만, 카를슈타트는 강제로 자신의 뜻을 관철시켰다.

1521년 크리스마스 날에 카를슈타트는 미사복도 입지 않고 예배를 집전했다. 참석자들은 사전에 금식을 하거나 고해를 하지 않고 영성체를 받았다. 카를슈타트는 독일어로 설교를 하면서, 평신도들이 제단 앞으로 와서 빵을 직접 먹고 성배를 직접 만지도록 권유했다. 이 과정에서 성체인 빵이 떨어지는 일이 일어나서 그것을 들고 있던 사람을 질겁하게 만들었다. 알브레히트 작센의 게오르크 공은 "우리 주님의 피가 성배가 아닌 그냥 컵에 따라져서 쓰였다"며 황제와 뉘른베르크 의회의 의원들에게 불만을 표시했다.

여러 교회에서 소란과 파괴 행위가 분출했다. 성화와 제단이 강제로 뜯겨 나가고 파괴되었다. 필리프 멜란히톤은 이렇게 말했다. "댐은 무너졌고, 나는 그 물살을 막을 수가 없다." 맹렬한 격변의 소식이 들려오자 루터는 이쯤에서 피신생활을 끝내고 돌아가야겠다는 강박을 느꼈다. 그렇게 하는 가운데 그는 자기 인생을 다시 한번 위험에 빠뜨렸다.

앞서서 5월에 황제 카를 5세는 루터의 제국 공민권을 박탈하는 칙령을 통과시켰었다. 제국의 모든 신민들은 이 수사와 내통하는 것이 금지되었던 것이다. 이는 사실상 모든 사람들에게 루터를 붙잡아서 제국 당국에 넘기는 의무를 부과한 셈이었다. 그는 또한 그 자리에서 처형될 수도 있었다.

루터가 다시 나타날 것이라는 전망은 프리드리히를 걱정하게 만들었다. 그는 황제에게 작센에서는 루터에 대한 제국 공민권 박탈 조치를 면제해달라고 설득해놓은 상태였다. 그런데 루터가 다시 공적으로 모습을 드러내고 살기 시작함으로써 생길 수 있는 결과가 걱정되었던 것이다. 루터는 자신의 안전보다는 교회와 비텐베르크 지역사회가 질서를 되찾는 것이 중요하다는 편지를 써서 선제후에게 보냈다. 그는 프리드리히에게 사건이 그냥 전개되도록 놔두어야 한다며, 만일 제국이 어떤 조치를 취하거나 자신을 해친다고 하더라도 후견인인 프리드리히는 어떠한 책임감도 느끼지 말라는 뜻을 분명히 전했다. "각하께서 저를 무력으로 보호할 수 있고 그렇게 하리라고 생각했다면 저는 오지 않았을 겁니다. 이런 문제는 칼로 다스려서는 안 될 뿐더러 그럴 수도 없습니다."

융커 신분의 외르그란 사람으로 변장을 하고 길을 떠난 루터는 1522년 3월에 비텐베르크로 돌아갔다. 이 여행은 아우크스부르크나 보름스로 가던 것보다 훨씬 위험한 여행이었다. 교황과 제국 양쪽으로부터 파문을 당했기 때문에 어느 진영으로부터도 보호를 받을 수 없었기 때문이다. 폭풍우가 심한 어느 날 밤, 스위스 여행자 두 사람이 마을 여관에 있는 그에게 다가왔다. 그들은 히브리 어로 된 책을 읽고 있는 진홍빛 망토를 걸친 기사에게 비텐베르크에 루터가 있는지 아느냐고 물었다. 루터는 이렇게 대답했다. "지금은 분명히 없을 겁니다. 하지만 그는 곧 나타날 겁니다."

비텐베르크에 도착하자마자 루터는 연달아서 여덟 번의 설교를 했다. 그는 차분하게 달래는 목소리로, 그리스도 인은 개혁을 이루기 위해 힘에 호소할 수는 없으며, 오직 말씀의 힘에만 의지해야 한다고 강조했다. "저는 설교하고 가르치고 쓰겠습니다. 하지만 그 누구도 힘으로 강제할 생각은 없습니다. 믿음이란 억지로가 아니라 자연스럽게 다가오는 것이어야 하기 때문입니다."

저항이 모두 폭력적이었던 것은 아니었다. 어떤 시위자들은 교회에 타격을 주기 위해 조롱하는 방법을 쓰기도 했다. 교회의 근엄한 의식을 일부러 우스꽝스럽게 흉내내기도 했다. 주교의 유골을 나타내기 위해 동물 뼈를 쓰기도 하고, 의식에 사용되는 깃발 대신 넝마를 쓰기도 했다. 면죄부로는 카니발

로마로부터 자유를 추구하다

기사이자 독일의 계관시인이며 또한 인문주의자인 울리히 폰 후텐은 로마로부터 독일의 정치적 자유를 주장한 최초의 국가주의자였다. 처음에는 루터가 제기한 논쟁을 사제들 사이의 시시한 싸움 정도로 무시했던 그는, 루터의 대의가 독일의 자유를 얻기 위한 방편이 된다고 보고 그를 옹호하게 되었다. 후텐은 황제 카를 5세가 독일에 대한 로마의 간섭을 제거해주기를 희망했다가 황제가 도리어 루터의 법적 보호를 박탈해버리자 크게 실망했다.

후텐은 어떠한 군주에게서도 종신적인 지위를 확보할 수 없었다. 군주들과 사제들에 함께 맞서던 그의 유일한 동지가 1523년 5월에 있었던 한 작은 전쟁에서 사망하자 후텐은 스위스 바젤로 도망가서 옛 친구인 에라스무스에게 도움을 청했다. 하지만 얼마 전 후텐은 에라스무스가 루터를 지지하지 않는다는 이유로 비난한 적이 있었기 때문에, 에라스무스는 그의 요청을 거절해버렸다. 그러자 후텐은 이 인문주의자에게 그를 공격하는 소책자를 펴내겠다고 으름장을 놓았다. 하지만 이 계획도 실패하면서 후텐은 바젤과 인근 여러 고장에서 쫓겨나서 취리히 호수에 있는 한 섬에 피신하게 되었다. 한때 뛰어난 작가이기도 했던 그는 그곳에서 아픈 몸으로 도피생활을 하다가 마지막 숨을 거두기 전에 이런 글을 썼다. "지금은 흩어졌지만 용기 있는 사람들이 다시 한번 뭉칠 때가 올 것이라는 희망을 나는 아직도 가지고 있다."

의상을 만들거나 화장실 휴지를 만드는 데 쓰이기도 했다.

하지만 로마의 손아귀에서 겪던 고통보다 루터를 더 괴롭힌 것은 성상을 파괴하고 사제들을 협박하는 사람들의 난폭한 행동이었다. 루터의 끈질긴 간청으로 그들의 이성은 점차 회복되었다. 카를슈타트는 인근 마을의 회중을 맡게 되었고, 또 하나의 설교자 가브리엘 츠빌링은 더이상 베레모에 깃털 치장을 한 차림으로 성찬식을 거행하지 않기로 했다. 비텐베르크에 평화가 찾아온 것이다.

루터의 생명에 대한 위협과 아울러 황제의 보름스 칙령은 루터의 저작을 복사하거나 찍어내거나 판매하는 것을 금지했을 뿐만 아니라, 읽거나 소지하거나 설교하는 것도 금지했다. 이러한 금지에도 불구하고 복음주의 운동은 비교적 안정적으로 발전해갔다. 독일 군주들과 제국의 자유도시들이 독립을 누리고 있었기 때문에 큰 도움이 되었던 것이다. 루터의 책들은 계속해서 찍혀나왔고, 독일 여러 나라에 공개적으로 팔려나갔다. 그와는 반대로 황제의 직접적인 통치를 받던 네덜란드와 스페인에서는 그의 공민권 박탈 명령이 엄격하게 지켜졌다.

새로운 신학은 북유럽의 여러 지역으로 퍼져나갔다. 비텐베르크에서 배운 설교자들이 그 일대의 여러 도시와 작은 고장에서 봉직을 하게 되었기 때문이다. 1520년과 1560년 사이에 독일 내의 복음주의 설교자 176명 중에서 3분의 1 이상이 비텐베르크 대학 출신이었다. 이들은 제 나라 말로 설교를 하고, 성경을 크게 소리내어 읽었으며, 교리문답을 하면서 새로운 신학을 실제에 적용했다. 그리하여 종교개혁의 효과 중에서 상당 부분이 책과 소책자를 통해 전파되었다 하더라도(루터는 "출판은 전세계에 참된 종교를 퍼뜨리기 위해 하느님이 가장 최근에 쓰시는 가장 효과적인 방법이다"라고 말한 적이 있다), 실제로 개종이 일어난 것은 말로 전해듣고서였다. 스위스에는 기욤 파렐이 있었고, 헝가리에는 레온하르트 슈퇴켈이 있었다. 루터의 종교개혁이 독일 밖에서 가장 큰 충격을 준 스칸디나비아에서는 한스 타우센이 덴마크에서 메시지를 전파하고 다녔으며, 올라우스 페트리가 스웨덴에서 같은 일을 했다. 두 사람 모두 비텐베르크 대학 출신이었다. 루터보다 훨씬 더 근본적이었던 순회 설교자 토마스 뮌처는 알슈테트, 뮐하우젠, 프라하에서 쫓겨나기도 했다. 그가 전개한 극단적인 견해 때문에 복음주의 계열과 시 당국 양측의 호의를 모두 잃었던 것이다.

이 시절 동안 루터가 직접 맡은 일 가운데 가장 극적이고 위험했던 일은 수도회를 떠나려 하는 수사들과 수녀들을 도운 일일 것이다. 1521년에 발간한 〈수사의 서약〉에서 루터는 수사의 서약이 성경에 바탕을 두지 않고, 우월한 그리스도 인들만이 완벽을 추구하기 위해 특별한 소명 또는 천직을 받아들이는 것이라고 하는 그릇된 가정에 바탕을 두고 있다고 선언했다. 사실상 특별한 종교적 소명이란 것은 없다고 루터는 말했다. 그보다 하느님은 각 사람이 평범하게 자기 임무를 다할 때 그를 불러들인다고 말했다. 누군가는 이렇게 말하기도 했다. "이 일은 수도원을 다 비워버리는 작업이다." 예를 들어 비텐베르크의 아우구스티누스 수도회는 '검은 수도원'을 포기하면서 한동안 루터에게 그곳에서 혼자 생활하도록 함으로써 거의 자진해산을 해버렸다.

하지만 대부분의 종교개혁 도시의 수도회 사람들은 새로운 신학을 받아들이거나 아니면 추방을 당해야 했다. 일부 고장에서는 종교개혁에 가장 반대하는 듯했던 탁발 수도사들이 성난 군중들에 의해 집 밖으로 쫓겨나기도 했다. 하지만 많은 수사들과 수녀들이 세속에서 살아갈 만한 직업 기술이나 지낼 곳이 없다는 사실을 깨달은 시민들은, 새로 수사나 수녀를 뽑지 않는 조건으로 수도원과 수녀원을 하나 정도는 존속할 수 있게 허락해주었다. 그렇게 함으로써 늙은 수사와 수녀에게는 여생을 평온하게 살아갈 수 있도록 해준 것이다. 자발적이든, 명령에 의해서든, 아니면 갈등에 의해서든, 한때는 유럽에서 특별한 계층으로 대접받았던 사람들 전체가 '성스러움'을 잃어버리게 되었다.

루터는 또 독신생활의 이상을 비난하면서, 성직자들이 수백 년 동안 성적인 문제에 대하여 보여준 위선으로 비추어볼 때 그보다는 결혼이 훨씬 낫다고 극찬했다. 성직자들은 배우자와 자녀를 두었을 뿐만 아니라, 교회는 그러한 성직자들로부터 해마다 참회의 대가로 돈을 걷음으로써, 인간의 욕망을 이용하여 이윤을 취했다. 루터는 성직자들이 이런 기만적인 금욕을 끝내기 위해서는 자유롭게 결혼하는 방법밖에 없다고 말했다. 더욱이 결혼은 사회를 위해서도 좋은 제도였다. 결혼은 건강한 신체와 깨끗한 양심과 건전한 가정을 만들어냈다. 가정이 사회 전체의 기초가 되었던 것처럼, 결혼은 가계 질서의 바탕이 되었다.

　게오르크 공의 영토인 알브레히트 작센의 국경에 있는 한 마을의 수녀들이 루터에게 수녀원을 떠날 수 있게 해달라고 부탁하자 루터는 이를 주선해주었다. 이 일은 교회법과 국가법을 모두 공개적으로 거역하는 것이기 때문에 탈출은 잘 짜여진 계획에 따라 극비리에 이루어져야 했다. 종교개혁과는 화해 불가능한 적이었던 게오르크 공은 이미 이를 시도했었던 사람을 처형한 바 있었다.

　루터는 토르가우의 레온하르트 코페라는 존경받던 원로의 도움을 받았다. 이 원로는 청어를 불룩한 통에다 담아 수녀원에 다량으로 납품하고 있었으며, 자신의 딸이 그 수녀원 소속이기도 했다. 코페는 겁에 질려 있으면서도 들떠 있었던 수녀 12명을 덮개로 덮은 마차에 숨겼다. 빈 청어 통 속에 수녀들을 숨긴 그는 그들을 안전한 곳으로 데려다주었다. 그는 세 수녀를 선제후 치하의 작센에 있는 가족에게 맡겼고, 알브레히트 작센에 집이 있는 나머지 아홉 명은 비텐베르크로 데리고 갔다. 후에 루터는 코페의 노력을 수도회에 자녀를 둔 모든 부모의 귀감으로 삼아 칭찬했다. 그러면서 자녀들을 그렇게 데리고 나온 것을 이집트의 속박에서 이스라엘 인들을 해방시킨 일에 견주었다.

　비텐베르크의 어느 학생은 친구에게 이런 편지를 쓰기도 했다. "순결한 처녀들이 한 마차에 가득 타고 막 읍내로 왔다. 이들은 목숨보다도 더 결혼을 원하고 있다. 하느님, 더 나쁜 일이 일어나지 않도록 그들에게 부디 남편을 허락해주소서." 루터는 이 수녀들에게 남편감을 찾아주거나, 집이나 일거리를 만들어주기도 했다. 그중에는 24세의 카테리나 폰 보라라는 수녀가 있었다. 그녀는 아버지 때문에 10세 때 수녀원에 들어가 16세 때 서약을 했다. 수녀원에서 탈출한 뒤 어느 때인가 카테리나는 비텐베르크 대학 출신의 한 학생에게 반해서 그와 결혼할 생각을 하기 시작했다. 하지만 귀족이었던 이 학생의 집안은 아들이 도피 중인 수녀와 결혼하는 것에 반대해 이 결혼은 끝

내 이루어지지 못했다.

　그러자 루터는 그녀를 인색하기로 소문난 무명의 한 목사와 결혼하도록 주선했다. 자부심과 독립심이 강한 카테리나는 그를 거부했다. 그리고는 자신이 루터 아니면 그의 친구 암스도르프와 결혼하겠다고 말했다. 그녀의 갑작스런 말에 루터는 깜짝 놀랐다. 사실 꽤 오랫동안 그의 친구들은 그에게 결혼하라고 말해왔었지만, 그는 자신의 결혼에 대해 그다지 신중하게 생각한 적이 없었던 것이다. 그는 한 친구에게 이런 편지를 썼다. "나는 아직 아내를 구하고 싶은 생각이 없네. 남자로서 그런 감정을 덜 느껴서가 아니라 …내 마음에 아직 결혼을 꺼리는 무엇이 있어서네. 매일같이 이단자라는 낙인 때문에 죽을지도 모르는 처지라서 그럴 것이네." 하지만 루터는 부모(아들을 결혼시켜서 가문의 이름을 이어가게 하고 싶었던)와 상의한 끝에 자신이 카테리나와

이 16세기의 아이 방 그림에서 한 여성이 아기에게 젖을 먹이고 있고, 그보다 큰 아이들이 놀고 있다. 루터의 식구도 많았는데, 그는 이 점에 대해 대단한 기쁨과 자부심을 갖고 있었다. "나는 교황의 신학을 받드는 사람들은 아무도 갖지 못한 법적으로 당당한 아이들을 두고 있다. 내 세 아이들은 페르디난트 대공이 헝가리·보헤미아·로마의 왕관을 차지한 것보다 내가 더 정직하게 얻은 세 왕국이다."

결혼하기로 결정했다.

　42세의 마르틴 루터는 1525년 6월 13일, 26세의 카테리나 폰 보라와 법적으로 약혼한 뒤 곧바로 결혼을 했다. 결혼식은 마르틴이 묵고 있던 검은 수도원에서 열렸다. 친구 몇 명만 참석한 조출한 결혼식이었다. 그중에서 루카스 크라나흐는 루터의 들러리를 섰다. 카테리나는 당시 크라나흐의 집에 묵고 있었고, 루터는 그 집을 자주 방문했었다.

　결혼식은 여러 면에서 이 전통과는 어긋나는 것이었다. 그것은 신부와 신랑의 전직 때문만은 아니었다. 1주일 중에서 대개 화요일에 결혼을 하는 것이 상례이긴 했지만, 같은 날에 약혼과 결혼을 모두 해치워버리는 것은 상례가 아니었다. 결혼은 대체로 지역 사람들이 대거 참석하는 일종의 공적 행사였다. 보통은 교회까지 공적으로 행진을 한 다음 교회 문 앞이나 안에 들어가서 예식을 올리곤 했다.

　루터 부부는 증인들이 자기들을 침실까지 따라가서 신혼 침대에 상징적으로 드러눕는 것을 보게 하는 전통은 따랐다. 그 다음에 간단한 식사가 뒤따랐고, 시의회에서 이 특별한 날을 위해 준비해준 포도주가 나와서 생기를 더했다. 루카스 크라나흐는 1522년에 시의원에 당선되었었다.

　새신랑은 나중에 약혼식을 생략한 이유를 이렇게 설명했다. "결혼식을 더 늦추는 것은 대단히 위험한 일이었다. 사탄이 사악하고 말 많은 사람들, 중상을 일삼는 사람들, 친구들을 통해서 기꺼이 간섭을 하고 큰 말썽을 일으키기 쉬웠기 때문이다." 실제로 마르틴 루터의 적들은 그가 결혼 전에 카테리나와 성관계를 가짐으로써 '그녀를 욕보인' 다음에 결혼을 했다는 소문을 금세 퍼뜨려버렸다. 친구들조차도 비밀에 대한 의구심을 가지며 비난을 하거나 카테리나에 대한 험담을 하곤 했다. 이러한 상황을 바로잡고자 하는 바람에서 루터 부부는 6월 27일에 가족과 친구들에게 특별한 결혼 기념잔치에 참석해달라는 초청장을 보냈다. 마르틴은 오랜 동지이자 친구인 게오르크 슈팔라틴에게도 초청장을 보냈다. "자네는 내 결혼 기념잔치에 와주어야 하네. 내가 천사는 웃고 악마는 울도록 해놓았다네." 카테리나와 그녀의 동료 수녀들을 수녀원에서 탈출시켜준 레온하르트 코페도 청어 일은 잠시 뒤로 젖혀두고 와달라는 초청을 받았다. 그는 청어 대신에 '토르가우 최고의 맥주'를 가지고 잔치에 나타났다. 카테리나와 마르틴은 시 조례에 따라 잔치를 하루 동안만 열도록 했다.

"자네는 내 결혼 기념잔치에 와주어야 하네.
내가 천사는 웃고 악마는 울도록 해놓았다네."

루터 부부는 검은 수도원에 살림을 차렸다. 2층은 거주공간으로 개조되었다. 오랫동안 수사 생활에만 길들여져왔기 때문에 결혼생활에 적응하는 데 약간의 시간이 필요했다. 반면에 루터는 침대와 빨래가 깨끗해지는 것을 감사하게 생각했다. "결혼 전에는 침대는 1년 내내 그대로여서 땀 냄새가 나고 지저분했다. 하지만 열심히 일하고 늘 지친 생활을 한 나머지 그냥 대충 쓰러져 잘 수가 있었다." 그런데 이제는 신경을 써야 할 사람이 하나 생겼다. "아침에 일어나보면 전에는 없던 땋은 머리 한 쌍이 베개 위에 있는 모습을 보게 된다."

마르틴 루터는 경제적으로 열악한 상태에서 결혼생활을 시작했다. 그는 설교를 한 대가로 시 당국으로부터 약간의 사례금을 받기는 했어도 글을 쓴 대가로 돈을 받는 것은 늘 거절했다. 그가 가진 돈은 대부분 도피 중인 수사나 수녀를 돕는 데 쓰였다. 그들은 바깥세상에 나와서 생계를 이어갈 만큼 준비가 되어 있지 않았던 것이다. 루터는 비텐베르크에서는 알려지지 않은 관행이었지만, 가르치는 대가를 요구할까 하는 생각도 했다. 다행히도 프리드리

| "트림을 하거나 소리치지 마라" |

16세기 유럽에서는 아이들을 키우는 것이 부모 모두의 의무였다. 여성들은 주로 생후 초년기 동안에 주도적인 역할을 했고, 남성들은 6세 이후부터 양육에 대한 역할을 점점 늘려갔다. 그래도 많은 부모들이 아이들에게 적절한 예절을 가르치지 않는다고 비난을 받곤 했다. 한 목사는 자식이 '아무 데서나 먹고 마시면서 빈둥거리듯 기어다니도록' 내버려둔 부모에게 권고를 했다. 이 분야에 대한 안내가 필요하다는 것을 알게 된 신발장이이자 작곡가인 한스 작스는 아래와 같은 안내서를 펴냈다.

애들아, 식탁에 가기 전에 잘 들어라.
손을 씻고 손톱을 깎아라.
식탁 머리에는 앉지 마라.
그 자리는 집안의 아버지가 앉는 자리다.
기도가 끝날 때까지는 먼저 먹지 마라.
하느님을 생각하며 먹어라.
제일 웃어른이 먼저 드시도록 기다려라.
차분하게 먹기 시작해라.
돼지처럼 씩씩거리거나 입맛을 다시지 마라.
빵을 집겠다고 서둘러서 달려들지 마라.
잘못하면 잔을 쓰러뜨릴지도 모르느니라.
빵을 가슴 앞에서 자르지 마라.
빵이나 페이스트리 조각을 손 밑에 숨기지도 마라.
접시에 있는 음식 조각을 이빨로 끊지 마라.
접시에 있는 음식을 휘젓거나 깨작거리지 마라.

허둥지둥 먹는 것은 나쁜 버릇이니라.
입안에 음식을 잔뜩 물고서
더 먹겠다고 집으려 들지 말고
입이 꽉 찼을 때는 말하지도 마라.
트림을 하거나 소리치지 마라.
마실 때는 대단히 조심해라.
한 사람과 두 번 건배하지 마라.
먹는 모습을 바라보기라도 하듯이
누구를 빤히 쳐다보지 마라.
옆에 있는 사람을 팔꿈치로 치지 않도록 해라.
똑바로 앉아서 우아함의 표본이 되도록 해라.
긴 의자에 앉아서는 몸을 앞뒤로 흔들지 마라.
옆에 앉은 사람들이 싫어할지도 모르느니라.
창피한 말, 잡담, 조롱, 폭소로부터
자기 자신을 방어하거라.

그리고 모든 태도를 존경스럽게 해라.
식탁에서 누가 성적인 장난을 하거든
못 본 체해라.
절대 머리를 긁지 마라.
(이는 여자아이나 여성의 경우도 마찬가지다.)
이를 잡지도 마라.
아무도 식탁보로 입을 닦지 못하게 하고
손으로 턱을 괴지도 못하게 해라.
식사가 끝날 때까지는
벽에 기대지 마라.
하느님께 조용히 기도하고 감사해라.
그분께서 은혜롭게도 음식을 주셨으며
너는 아버지 같은 그분의 손길에서 받아들였느니라.
손을 씻어라.
그리고 일터로 부지런히 돌아가거라.

히의 뒤를 이은 그의 동생 요한은 선제후 자신의 호주머니를 털어서 루터에게 대학에서 맡은 일에 대한 대가, 즉 일종의 급여를 주기로 했다. 요한은 또한 루터가 음식, 의복, 장작, 가재도구 같은 것도 지원받도록 보살펴주었다.

마르틴은 경제문제에 대해서는 매우 대책 없고 태평스러웠다. 카테리나를 도와 가족이 먹을 양상추, 완두, 멜론, 콩, 오이, 양배추 같은 것을 밭에 기르기는 했다. 가족이 겨우 생계를 이어갈 수 있었던 것은 그가 다정스럽게 카티라고 부르던 아내 덕분이었다. 카티는 집안일만(물론 아이 몇을 기르는 일까지 포함되었다) 돌본 것이 아니라, 과수원에서 복숭아·사과·배·포도·견과 등을 길렀고, 양어지에서 농어·잉어·송어·창꼬치 등을 키우기도 했다. 심지어 그녀는 필요한 가금류나 돼지나 소를 잡기도 했다.

카테리나 루터는 빈틈없는 여성 사업가가 되었다. 그녀는 수도원을 개조하여 30명이나 되는 하숙생을 받아들였다. 위대한 종교 개혁가와 친분을 쌓을

신발 가게에서 바쁘게 신발이 만들어지는 동안 신발장이의 아내는 고객들의 시중을 들고 있다. '뼈 중의 뼈'로서, 아내는 가업과 집안에서 남편의 하인이 아니라 파트너가 되어야 했다. 해와 달처럼, 남편과 아내는 각자에게 어울리고 존경받을 만한 자리를 맡아서 했다.

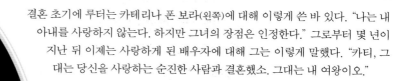

결혼 초기에 루터는 카테리나 폰 보라(왼쪽)에 대해 이렇게 쓴 바 있다. "나는 내 아내를 사랑하지 않는다. 하지만 그녀의 장점은 인정한다." 그로부터 몇 년이 지난 뒤 이제는 사랑하게 된 배우자에 대해 그는 이렇게 말했다. "카티, 그대는 당신을 사랑하는 순진한 사람과 결혼했소. 그대는 내 여왕이오."

수 있다는 장점 때문에 검은 수도원 하숙집은 인기가 좋았다. 그녀는 또 수도원의 맥주 양조장을 수리하기도 했는데, 그녀가 만든 맥주는 매우 유명해져서 마르틴은 요한의 궁정에 맥주 샘플을 가져가기도 했다. 그녀가 가진 약초 전문가로서의 실력, 찜질약과 마사지에 통달한 기술 또한 지역사회에서 널리 알아주는 것이었다. 그녀의 아들 중 하나는 나중에 의사가 되었는데, 그는 자기 어머니를 거의 의사로 간주했다. 하지만 불면증 심한 카테리나의 남편이 잠을 청하기 위해 들이켠 것은 그녀의 약초가 아니라 그녀의 맥주였다.

카테리나 루터처럼 사업을 많이 벌이는 것은 당시의 여성들로서는 흔치 않은 일이었다. 장인들의 아내는 남편의 일을 돕기도 했고 다른 임금 노동을 하기도 했다. 여성들과의 경쟁을 원치 않았던 남성 길드들을 달래는 시의회의 규제를 받기는 했어도, 푸주한이나 빵장이 아내는 남편이 죽고 나면 가업을 이어받도록 허가를 받는 경우가 많았다. 그리하여 특히 궁핍한 여성들은 케이크와 쿠키를 만들어서 팔 수 있었다. 여성들은 다른 집의 가정부로 일하기도 했고, 빨래나 요리 같은 날품을 팔기도 했다. 많은 여성들은 결혼할 때까지 그런 식으로 일을 계속해서 적으나마 결혼 지참금을 마련하기도 했다. 남편이 돈 한 푼 남기지 않고 죽어버린 여성들의 경우 그런 일들은 유일한 생계 수단이었다. 큰 집안에서 일을 배워나간 일부 여성들의 경우 그런 일이 일종의 평생 직업이 되곤 했다.

가사 일을 하는 사람들이 그토록 많고 가변적이어서 일부 도시에서는 그런 사람들을 규제할 수 있는 직업소개소 시스템이 만들어지기도 했다. 15세기에는 남성과 여성이 모두 직업소개소 역할을 했으나, 16세기가 되자 그런 일은 주로 여성의 것이 되었다. 그런 사람들은 자기네 집 앞에 간판을 내걸고, 시골에서 올라오는 젊은 남녀들이 쉽게 찾을 수 있도록 할 필요가 있었다. 소개인들은 부잣집이든 가난한 집이든 집안일을 해줄 사람을 구하는 곳에다 이 사람들을 소개시켜주곤 했는데, 일해주는 사람들을 함부로 대하는 집에는 절대 사람을 보내주지 않았다.

수공업 분야에 있어서 여성들로 이루어진 비단 제조자와 금실 방적업자의 길드가 쾰른과 취리히에서 생겨났다. 프랑크푸르트, 뮌헨, 스트라스부르에서는 여성들이 자체 양조장을 운영하는 것이 가능했다. 상인들의 딸은 흔히 자기 아버지 사업의 장부 기장을 배웠으며, 상인들의 아내는 남편이 먼저 세상을 떠나면 사업을 이어받곤 했다. 푸거 가문 같은 집안에서도 능력 있는 과부들이 재정과 사업을 맡아서 했다.

마르틴 루터는 자상한 아내의 도움과 능력을 매우 아끼고 존중했다. 결혼 첫해가 지난 후 그는 한 친구에게 이런 편지를 썼다. "우리 카티는 모든 면에서 나를 잘 도와주고 즐겁게 해주어서 나는 내 가난을 크로이소스(기원전 6세기 리디아의 부자 왕-옮긴이)의 부와도 바꾸지 않겠네." 후에 그는 유언장에 당시의 관례대로 그녀와 자녀들을 위해 재산을 관리해줄 남성 후견인을 지목하지 않고, 카테리나를 유일한 상속인으로 지명하기까지 했다.

마르틴과 카테리나가 가정을 제대로 이루기 전부터, 루터를 세속적인 분쟁으로 끌어들일 말썽이 벌어지고 있었다. 당시 토마스 뮌처는 대단히 도발적인 신학을 전파하고 있었다. 그는 루터와는 달리 과거의 사도들이 아니라 현재의 계시에 눈을 돌리고 있었다. 뮌처는 성령의 내면적인 체험과, 그로 인해 거듭난 선택받은 자들에 대한 하느님의 약속을 믿었다. 그는 그러한 선민(選民)들이 불신자들과 싸워야만 한다고 주장했다.

1523년 7월, 루터는 〈반항적인 영혼에 관하여 작센의 공(公)들에게 보내는 편지〉에서 뮌처와 그 추종자들이 반란을 조장한다며 이들을 조심하라고 경고했다. 루터는 성령을 들먹이며 폭력을 사용하는 것은 결코 합리화될 수 없다고 거듭 주장했다. 다른 종교적 견해를 존중해야 하지만, 그런 것들이 폭력을 일으킬 경우 군주는 그런 폭력을 조장하는 사람을 축출할 의무가 있다는 것이다.

그런데 뮌처는 루터의 이 책자가 발간되기도 전에 이미 루터의 경고가 근거 없는 것이라고 주장했다. 뮌처는 프리드리히와 그의 동생 요한 공 앞에서 설교를 행하며 그들을 자신의 대의에 끌어들이기 위해 안간힘을 썼다. 이때 뮌처는 이렇게 선언했다. "불신자들을 쓸어버리기 위해 여러분에게 칼이 쥐어졌습니다. 여러분이 거절하신다면, 그 칼은 여러분의 손을 떠나게 될 것입니다. 그리고 저항하는 자들은 무자비하게 도살당할 것입니다." 뮌처와 다른 혁명 지도자들은 농민들에게 그 칼을 쥐게 하기 위해 그들을 끊임없이 부추겼다.

뒤러의 문

1498년의 이 자화상에 나타나 있는 뒤러의 화려한 옷과 우아한 배경은, 그가 화가라면 마땅히 받아야 한다고 생각한 지위를 선언적으로 보여주고 있다. 그는 출생지인 뉘른베르크의 그 유명하고 근사한 회색 암사슴 가죽장갑을 끼고 있으나, 배경에 보이는 산악의 풍경은 이탈리아에 머물렀던 자신의 경험을 넌지시 나타내주고 있다.

"나는 그렇게 내 자신을 그렸다. 나는 26세였다."

마르틴 루터가 로마의 신학자들과의 논쟁에 대비한 공부를 시작할 무렵, 뉘른베르크의 화가 알브레흐트 뒤러는 이탈리아의 화가들과 결속을 맺어가고 있었다. 그는 자기 고국까지는 아직 뻗어오지 못한 고전예술의 부활을 흡수하기 위해 두 번이나 베네치아를 여행했다. 이탈리아의 이론과 기법에 푹 젖어 있던 뒤러(이 이름은 '문'이란 뜻의 단어에서 온 것이다)는 홀로 북쪽의 미술 르네상스를 안내했다.

지칠 줄 모르는 호기심을 가진 천부적이고 다재다능한 예술가였던 뒤러는 엄청난 열정과 실력으로 성과 속의 세계를 탐험했다. 성인의 예언적 비전에서부터 세속의 풀숲이나 전례 없는 일련의 자화상에 이르기까지, 그가 탐험한 세계는 매우 다양했다. 레오나르도 다 빈치와 마찬가지로 알브레흐트 뒤러는 화가의 역할을 중세의 장인으로부터 학식 있는 신사로 변모시켰다. 교육가이자 신학자로서, 화가이자 판화가로서, 인문주의자이자 사업가로서, 그리고 무엇보다 개인주의자로서, 뒤러는 르네상스 인간의 한 전형을 구현했다.

〈기도하는 손〉으로 널리 알려진 뒤러의 이 유명한 그림은 프랑크푸르트 상인인 야코프 헬러가 주문한 제단 장식을 위해 준비삼아 그린 여러 그림 중 하나에 불과했다. 완성된 그림은 불에 타버렸지만, 남아 있는 스케치만으로도 인간의 신체를 묘사하는 르네상스 기법에 뒤러가 얼마나 통달했는지를 알 수 있다.

한 젊은 예술가

알브레흐트 뒤러는 뉘른베르크의 매우 부지런한 금 세공인과 그 아내의 18자녀 가운데 셋째로 태어났다. 문법학교에 몇 년을 다니며 읽기와 쓰기, 대수와 약간의 라틴 어를 배운 알브레흐트는 어릴 때부터 아버지의 가업을 돕기 시작했다. 아버지의 작업장에서 그는 금 세공인의 연장 다루는 법을 배웠는데, 그중에서 특히 금과 은그릇의 장식을 만드는 조각칼을 잘 다루게 되었다. 하지만 그는 후에 "내 관심은 그림 쪽에 더 끌렸다"고 회고했다. 그래서 15세가 되자 그는 화가인 마카엘 볼게무트의 도제가 되게 해달라고 아버지를 설득했다. 볼게무트는 자신이 살던 도시에서 가장 큰 상업미술 작업장을 가지고 있었다. 그곳에서 뒤러는 그림의 기초뿐만 아니라 볼게무트의 선구적인 목판 디자인 기법을 배웠다. 또 이탈리아 르네상스 초기 대가들의 작품을 모방해서 그림으로써 기술을 연마했다.

예술적 재능을 타고난 젊은이에게 고향인 뉘른베르크는 매우 이상적인 곳이었다. 이곳은 15세기 및 16세기 초 유럽의 상업과 문화의 중심지였던 것이다. 국제무역의 증가로 외국 방문객들과 새로운 아이디어가 이곳으로 꾸준히 흘러들어왔다. 그러면서 예술 사절과 이곳에 거주하던 인문주의자들의 고전 연구가 풍부해진 것은 말할 것도 없다. 이곳 시민들은 독창성이 뛰어나기로 소문이 났으며, 뉘른베르크의 산업(제지 공장, 인쇄업, 구리 처리 공장)은 독일 최고의 판화가가 될 화가에게 꼭 필요한 자원을 풍부하게 제공해주었다.

볼게무트 곁에서 3년을 지낸 뒤러는 다른 젊은 장인들과 마찬가지로 자신의 '반데르야레(Wanderjahre)', 즉 다른 장인들의 작업장을 찾아 돌아다니는 '방랑기'를 시작했다. 뒤러는 독일 최고의 조각가였던 마르틴 숀가우어에게 배우고 싶었으나, 그는 뒤러가 도착하기 1년 전에 세상을 떠났다. 그는 1494년까지 여행을 계속하다가, 아버지의 부름을 받고 돌아와서 뉘른베르크의 부유한 장인의 딸과 결혼을 했다. 하지만 몇 달이 채 못 되어서 뒤러는 다시 집을 떠나 이탈리아의 기법을 직접 배우기 위해 알프스를 넘었다.

전경의 구리선 작업장에 물레방아 바퀴가 기대어 있고, 뒤로 작은 마을들이 점점이 평화롭게 흩어져 있는 이 그림은 뒤러의 초기 수채화 중 하나다. 전통적인 갈색과 녹색과 파란색을 써서 네덜란드의 풍경을 묘사한 이 그림은 뒤러의 초기작에 나타난 네덜란드 전통 그림의 영향을 잘 보여주고 있다.

뒤러는 13세 때 거울에 비친 자기
모습을 이용하여 이렇게 실제 모습
과 비슷한 자화상을 스케치했다.
어린 알브레흐트가 까다로운 은필
화(銀筆畵, 은으로 만든 첨필로
특별한 종이에 그리는 이 그림은
도중에 지우거나 고칠 수가 없다)
기법을 써서 그린 이 그림은 뒤러
의 알려진 작품 가운데 가장
초기작이며, 유럽 최초의
자화상이라고 할 수 있다.

1503년, 지면의 유리한 지점을 시점으로 잡고 그린 수채화 〈커다란 풀밭 한 뙈기〉에서 뒤러는 풀이파리, 민들레 꽃망울, 질경이의 타원형 이파리 하나하나를 실제 모습 그대로 세세하게 그려냈다. 레오나르도 다 빈치와 같이 평생 자연의 모습을 있는 그대로 담아내는 데 푹 빠져 있었던 뒤러는 한때 이렇게 쓰기도 했다. "예술은 자연에 뿌리를 박고 있다. 그러니 누구든 그것을 뽑아내는 사람은 예술을 성취하게 된다."

뒤러의 이 스케치 왼쪽 부분은 신화의 '에우로파 유괴'에 대한 묘사가 차지하고 있고, 오른쪽은 투르크의 연금술사가 사자의 머리들과 한 궁수 사이에서 해골을 관찰하고 있다. 뒤러는 이탈리아에서 자신의 지적 호기심을 넓혀가기 시작했다. 그의 '에우로파'는 고대 오비드의 변신 이야기와 르네상스 시인 안젤로 폴리지아노의 관능적인 이야기를 모두 바탕으로 한 것이다.

고전의 영향이 끼친 효과

독일의 인문주의자들이 고대의 부활을 연구하기 위해 여러 해 동안 이탈리아로 여행했던 것은 사실이지만, 독일의 한 화가가 그런 여행 소식을 들을 정도로 그다지 활발한 것은 아니었다. 북유럽의 미술 전통은 아주 강해서 화가들은 투스카니보다는 플랑드르의 거장들을 모방하기를 좋아했다. 하지만 볼게무트의 작업실에서 이탈리아의 그림들을 고통스럽게 베끼면서 실력을 쌓은 뒤러는 르네상스 미술의 기법과 활력에 매료되어 있었고, 그것들을 자신의 작업에 적용하고 싶어했다.

뒤러는 유럽에서 동방으로 가는 관문인 베네치아로 갔다. 이곳은 미술 말고도 여러 가지 유혹이 있는 도시였다. 태양과 바다, 호사스러운 물건과 건축물, 이국적인 여행자들과 '지적이고… 귀족적인 지성들'이 널려 있었다. 뒤러는 이곳에 오자마자 마음의 평화를 느꼈다. 그는 후에 이렇게 쓴 바 있다.

"기생하는 사람들이나 고향처럼 포근하게 느끼는 이곳에서 나는 신사가 되었다." 베네치아에서 뒤러는 인간의 신체 비율과 원근법에 대한 기술을 세련되게 연마하기 시작했다. 그는 이상적인 인간 신체에 대한 관념에 호기심을 느끼게 되면서 유클리드와 비트루비우스를 읽었고, 기하학 실험을 해가면서 이상적인 신체 비율을 알아내려고 애썼다.

르네상스 미술의 영향은 뒤러 미술의 형태뿐만 아니라 내용과 색깔에서도 나타났다. 그는 독일로 돌아오자마자 자신의 레퍼토리에 누드, 고미술의 주름과 신화의 장면, 고전의 파토스(비애)를 도입하기 시작했다. 그러자 한때 침묵하던 그의 팔레트는 생생한 빛을 발하기 시작했다. 뒤러의 이탈리아 체류는 곧 북유럽 르네상스의 출발이라고 할 수 있다.

성 요한의 예언을 묘사한 목판화 15개의 모음집인 뒤러의 〈묵시록〉의 한 장면에서 성경의 네 기수 (騎手, 죽음·기근·역병·전쟁)가 사납게 돌진하고 있다. 1498년에 발간된 이 판화집은 유럽 전역의 베스트셀러가 되었다. 뒤러는 최후의 심판에 대한 자신의 견해를 당대의 분위기에 맞추어 표현했다. 그래서 역병의 창궐, 투르크의 침략, 1500년이면 세상이 멸망한다는 자신의 생각을 판화로 그렸다. 주교가 지옥의 용에게 붙잡히는 장면(왼쪽 아래)은 교회의 성직자라도 최후의 심판을 두려워해야 한다고 경고하고 있다.

"하느님은 독창적인 사람들에게
상당한 힘을 주신다."

뒤러의 〈멜랑콜리아 I〉에 나오는 골똘히 생각하고 있는 인물(날개가 있지만 자유교양을 상징하는 물건들 속에 얽매여 있는)은 화가의 영적 자화상으로 보인다. 동시에 이 그림은 우울이 창의성의 가장 큰 요인이라고 넌지시 알려주고 있다. 르네상스 미술에서 가장 수수께끼 같은 이미지들 중 하나인 이것은 뒤러의 어머니가 세상을 떠난 1514년에 판각되었다.

판화가 뒤러

독일로 돌아간 뒤러는 자신의 작업실을 열었다. 몇 년간 했었던 작업과 부유한 후원자들에게 돈을 받는 초상화나 제단 장식 같은 일 대신 뒤러는 전혀 다른 길을 택했다. 뒤러는 빨리 만들 수 있으며, 한 판에 수백 장의 그림까지 찍어낼 수 있는 목판과 동판 같은 수단을 이용하여 자신이 직접 고른 이미지들을 대량으로 모았다. 뉘른베르크에는 미술가 길드가 없었기 때문에, 이 기업가적인 화가는 마음대로 중개인을 선정하여 자신의 작품을 원하는 곳 어디에나 팔 수 있었다.

당시에는 종교 관련 판화에 대한 수요가 많았다. 귀족들과 중산층 시민들은 그런 판화를 간절히 원했고, 사제들과 수녀들은 이것을 배움의 교재로 이용했으며, 화가들과 장인들은 이것을 사다가 베끼기를 했다. 그래서 뒤러는 대부인 인쇄업자 안톤 코베르거의 도움을 받아서 묵시록, 그리스도의 수난, 마리아의 생애에 관한 유명한 목판화집을 찍어냈다. 주제는 전통적인 것이었지만, 그의 기법은 매우 혁명적인 것이었다. 미카엘 볼게무트가 이룬 혁신을 확대한 뒤러의 목판화는 그 잠재성을 최대한 실현했다. 즉, 전에는 단조롭고 정적이기만 하던 표현수단에 모양과 입체감과 질감을 더해준 것이다.

목판화보다 판이 작게 나오는 동판화는 뒤러가 〈멜랑콜리아 I〉 같은 걸작에서 나타낸 것과 같이 개인적인 비전뿐만 아니라, 우화나 신화 같은 세속적이고도 지적인 주제를 탐구하는 수단이 되었다. 지적이고 비의(秘儀)적이기도 했던 그의 동판화는 유럽 전역 인문주의자들의 칭송을 받았다.

1500

A lbertus Durerus Noricus
ipsum me proprijs sic effin
gebam coloribus ætatis
anno XXVIII.

28세에 그린 이 자화상에서 뒤러는 자신의 모습을 이상화하여, 전통적인 그리스도의 이미지에 자신의 모습을 투영시키는 자세를 취했다. 원래 붉은빛이 도는 금발인 자신의 머리색을 갈색으로 칠하고, 오른손은 축복을 내리듯 들어올리게 함으로써, 뒤러는 신으로부터 재능을 타고난 화가이자 창조자로서의 자기 역할을 축하하며 자신과 그리스도를 의도적으로 비교하고 있다.

뒤러의 종교개혁

마르틴 루터가 95개조 반박문을 발표하면서 뉘른베르크가 종교적 격동에 휘말리자 뒤러 또한 영향을 받지 않을 수 없었다. 그는 어머니의 죽음으로 인해 겪고 있던 '엄청난 고통으로부터' 자신을 구제해준 루터를 마음속 깊이 존경했다. 그는 이 종교 개혁가의 목숨이 위험에 처했다고 잘못 알고서는 루터를 살려 달라고 에라스무스에게 간청하기도 했다. 하지만 시의회가 공개적으로 루터의 종교개혁에 대한 지지를 표명하자 그는 개혁을 바라면서도 교회와 절연하기를 꺼렸다.

1526년에 뒤러는 〈네 사도〉라고 알려진 그림을 시의회에 선사했다. 이 선물을 통해 그는 루터의 사상을 공개적으로 지지했다. 성 요한과 베드로, 마가, 바울의 모습 밑에 루터가 번역한 신약성서의 구절과, 하느님의 말씀에만 주의를 기울이라는 권고가 나오기 때문이다.

그로부터 2년 뒤 뒤러가 57세의 나이로 세상을 떠났을 때, 루터는 '탁월한 것만 볼 줄 알았던' 이 화가가 다가올 험난한 시대에 '더없이 사악한 것들'을 보지 않아도 된 것을 다행스럽게 생각하며 스스로를 위안했다.

뒤러의 〈네 사도〉는 성경에서만 영적인 안내를 찾아야 한다는 루터의 신념을 상징화하고 있다. 젊은 성 요한(왼쪽)은 자신의 복음서에서 "태초에 말씀이 있었으니… 그 말씀은 하느님이셨느니라"는 구절을 천국 문의 열쇠를 쥐고 있는 나이 든 성 베드로에게 읽어주고 있다. 오른쪽 그림에는 성 마가가 성경과 칼을 들고 있는 순교자 성 바울 뒤에 서 있다.

2 ∷ 자유를 위한 농민과 군주의 싸움

 1524년 여름, 독일 헤센의 군주 필리프와 그의 측근들은 하이델베르크에서 열리는 석궁(石弓) 시합에 참석하러 마르부르크 성을 떠났다. 오덴발트라는 숲을 지나가는 동안 그들은 우연히 또 하나의 마차와 마주치게 되었다. 필리프는 그것이 저명한 신학자이자 마르틴 루터의 동지인 필리프 멜란히톤이 탄 마차라는 것을 알았다. 헤센의 백작이자 군주인 그는 흥분하여 멜란히톤의 마차에 올라가서 이 신학자에게 마구 질문을 던지기 시작했다.

이 젊은 군주는 오랫동안 루터의 논란 많은 저술을 읽어왔으며, 루터에게 열광하고 있던 수많은 조언자들과 토론을 하기도 했었다. 멜란히톤의 학식 있고 설득력 있는 이야기를 들은 필리프는 루터 교로 개종한 자랑스러운 사람이 되어 하이델베르크로 들어갔다. 20세의 나이에다 젊은이 특유의 혈기왕성함과 조급성을 갖고 있던 그는 가톨릭 교회를 거부한 자신의 처신에 어떠한 위험이 뒤따를지에 대해서는 거의 생각해보지 않았다.

필리프는 이전에도 이미 반대세력에게 시련을 당한 바가 있었다. 네 살이던 1508년, 그는 백작인 아버지를 잃으면서 권력투쟁의 소용돌이에 휘말리게 되었다. 여기저기 흩어져 있는 독일 중서부의 산과 숲 35,100km²를 차지

스페인 군인들이 네덜란드의 하를렘을 점령한 뒤 반란자들을 용서해주기로 약속한 다음 반도들을 무차별적으로 처형하고 있다. 16세기 동안에는 군주들과 평민들이 종교 및 정치의 자유를 위해 싸우느라 독일과 네덜란드 곳곳에서 전쟁이 일어났다.

하고 있던 헤센은 탐낼 만한 땅이어서, 반기를 든 귀족들은 아이의 어머니인 안나의 섭정 권한을 빼앗은 뒤 아이와 엄마를 떼어놓았다. 하지만 안나는 포기하지 않았다. 1513년 말, 그녀는 여러 고장과 왕실 기사들의 지지를 받아서 아들과 섭정 권한을 되찾을 수 있었다. 몇 년 뒤, 적들이 아들인 필리프를 장악하려고 소란을 피우자, 안나는 황제 막시밀리안 1세에게 필리프를 일찍 성년으로 인정해줄 것을 간청했다. 그리하여 필리프가 14세라는 나이에 백작의 지위를 얻음으로써 적들의 야심을 떨쳐버릴 수 있었다. 5년 뒤에 이 통치자는 궁핍해진 소수의 기사들이 독일 중부와 서부, 남부를 차지하려고 시도한 '기사 전쟁'에서 일군의 반란자들을 무찌르는 것도 도와주었다.

이 결의에 찬 공격적인 백작은 개종을 한 뒤 여러 해 동안 격동에 휘말리게 되었다. 루터와 종교개혁으로 고무된 농민들과 군주들은 종교 및 정치의 자유를 위해 기존체제에 도전했다.

신성 로마 제국 황제 카를 5세의 권능에 반하는 자신의 신념을 지키기 위해 필리프는 같은 독일의 프로테스탄트 군주들을 부추기곤 했다. 네덜란드에서는 스페인 왕 펠리페 2세의 정치적 지배욕과 비가톨릭 교도들에 대한 경제적 박해로 인한 반란으로 특이하게도 오라네 공 빌렘 같은 영웅이 나타나게 되었다. 독일에서 태어나 카를 5세의 손에 자라난 가톨릭 신자로서 부유하고 향락적인 생활을 했던 빌렘은 독립을 요구하는 네덜란드 인들을 이끌기 위해 온갖 위험을 무릅썼다.

하지만 황제와 독일 군주들 사이의 전쟁, 그리고 네덜란드 사람들과 스페인 국왕의 투쟁보다 훨씬 이전에 정의를 요구하는 또 하나의 외침이 터져나왔다. 그것은 귀족이 아니라 독일 농부들에게서 나온 외침이었다. 그들은 성과 속의 두 주군 모두에게 반기를 들었다. 하지만 농부도 아니면서 두 주군 모두에게 반기를 든 사람이 한 명 있었으니, 그가 바로 헤센의 필리프였다.

독일의 시골 지방에서 귀족들은 소일거리로 사슴 사냥을 하곤 했다. 그런데 이 놀이는 농민들에겐 이중의 부담이었다. 그들은 이따금 사냥하는 귀족들을 도와야 했고, 동시에 귀족의 말들은 농민들의 작물을 무참히 짓밟아버렸던 것이다. 이렇게 야생동물 사냥을 하면서 땅을 마음대로 이용하기 위해 군주들은 농민들에게 땅에 울타리를 치지 못하게 강요하고 개들을 묶어두도록 지시했다.

1524년 6월, 독일 남서부의 농민들은 스튈링겐 백작부인으로부터 한 소환장을 받았다. 영지의 귀부인들이 쓸 딸기 수확과 달팽이 껍질 모으기를 포기하라는 내용이었다. 격분한 농민들은 일손을 멈추고 전직 용병들의 지도 아래 1,000명의 강력한 무리를 결성한 뒤 인근 고장들의 도움을 구하기 시작했다. 정의를 위해 스튈링겐 백작인 지그문트 폰 루펜과 협상을 벌이기 위해서였다.

딸기 수확와 달팽이 껍질 모으기는 힘든 봉사와 경제적 수탈 속에서 마지막 남은 그들의 희망이었다. 농민들을 계약 일꾼으로 썼던 독일의 영주들이 더 많은 이익과 정치권력을 추구하면서 이러한 요구들은 점점 더 심해져갔다. 이런 부당한 요구는 사람들이 특정 시장에서 작물을 팔 수 있는 권리를 아예 부정했으며, 더 싼값에 영주들에게 물건을 팔도록 강요했다.

이 백작은 다른 이들과 마찬가지로 전에는 공유지였던 들과 숲에 대한 농민들의 접근권을 부인하고 있었다. 대부분 자급자족을 하며 살던 농민들의 경우, 그런 땅들을 이용하는 것은 가축에게 풀을 뜯게 하고, 장작을 모으고, 집 지을 목재를 자르고, 사냥과 낚시를 하기 위해 필수적인 일이었다. 그런데 이제 와서 지배자들은 그런 땅들을 사적으로 이용하기 위해 농민에게 세를 주거나 팔고 있었다. 그들은 또한 들을 가로질러 가는 냇물까지도 부유한 어민들에게 세를 줌으로써 스튈링겐 농민들의 불만을 극에 달하게 했다. "그런 부유한 어민들은 댐과 둑을 무너뜨려서 우리가 물레방아를 사용하거나 목초지에 물을 대지 못하게 만들어버림으로써 우리의 재산에 중대한 손상을 가했다."

지그문트 백작에 비해 헤센의 필리프는 상대적으로 개명한 통치자였지만, 그의 백성들 역시 나름의 불만을 갖고 있었다. 이 영주는 헤센의 주력 수출품인 양모 원단을 만드는 데 필요한 양의 대부분을 소유하고 있었으며, 농민들을 희생시켜가며 목초지를 지배하고 있었다. 숲을 이용하는 방식도 대단히 중요한 점이었다. 그의 재정 관리 중 한 사람은 농민들에게 영주에 대한 의무노동의 일환으로 최상의 목재를 바치도록 요구했다. 하지만 예전처럼 목재를 방어용이나 다른 목적으로 활용하는 것이 아니라, 이 관리는 목재를 프랑크푸르트에 내다팔 가구를 만드는 데 이용했다.

보다 엄격하고 중앙집권화된 정치권력을 추구하던 영주들은 전통적인 마을 법정과 법규 대신에 자신들이 만든 법정과 로마 법을 강요하고 있었다. 그들은 농민들이 원치도 않은 새로운 법정의 관리들을 먹여살리기 위해 농민들에게 세금을 부과했다. 또한 관리들에게 급료 대신에 해당 영지의 부과금을 할당해줌으로써 강제징수를 할 수 있도록 허락했다. 통치자들이 성직자여서 사람들을 통제하기 위해 교회법과 파문의 위협을 이용한 경우에는 사람들의 불만이 더욱 컸다.

지그문트 백작이 농민들의 요구를 무시하자, 일종의 파업으로 시작된 운동은 봉기로 변해갔고, 이 봉기는 마침내 스튈링겐에서 콘스탄츠 호수 북쪽 연안을 따라 동쪽으로 이동하여, 슈바벤의 중남부 영지를 거쳐 북쪽 오덴발트까지 번져갔다. 겨울 동안에는 스위스와 오스트리아 일부 지역까지 퍼져갔다. 1525년 2월 말, 한 농민연맹은 메밍겐이라는 슈바벤의 한 고장에서 복음서를 인용하며 '12개 조항'으로 알려진 독특한 문안을 작성했다. 이 문안은 지역 교구에서 자체적으로 목사를 뽑을 권한, 농노제 폐지, 부과금과 강제노역 축소, 자유로운 목재 수집권, 특정한 십일조 폐지, 사냥 및 낚시를 할 권리 회복을 주장하고 있었다.

"하느님께서 모세에게
무자비하게 진멸하라고 내리신 명령을 기억하십시오."

이 조항들 중 두 개는 참으로 혁명적인 것이었다. 첫째로 지역의 목사를 선택하고 해임할 권리를 달라는 이야기는 당시까지 들어보지도 못한 주장이었다. 루터만 하더라도 가톨릭 사제 대신에 개신교 설교자를 세울 권리가 지역사회에 있다는 점을 인정하는 정도에 그쳤던 것이다. 둘째로, 농노제를 폐지하자는 주장은 법의 눈으로 볼 때 파기할 수 없는 계약을 위반하는 것이었다. 하지만 슈바벤 농민들은 이렇게 주장했다. "지금까지는 그들이 우리를 재물처럼 소유한 것이 관례였다. 그러나 이는 그리스도께서 귀하든, 미천하든 보혈로 우리 모두를 구원하고 값을 치르신 사실로 볼 때 통탄할 노릇이다."

이 12개 조항은 25가지의 다른 판본과 2만 5,000권의 소책자로 인쇄되어 여러 주 동안 운동 구호처럼 퍼져나갔다. 반란자들은 루터의 지지를 바라는 뜻에서 그에게도 책자를 보냈다. 그들의 주장이 일부 정당하다고 생각한 루터는 그들의 대의를 종교문제가 아니라 법적인 문제로 보고, 농민들에게 정의와 평등에 동정적인 독일 영주들의 도움을 청해보라고 조언했다. 동시에 루터는 독일의 통치자들에게 반란자들의 정당한 불만에 관심을 기울이라고, 그렇지 않으면 엄청난 대가를 치러야 할 것이라고 경고했다. "농민들은 결집하고 있습니다. 그리하여 이는 잔인한 살인과 유혈참사로 독일을 황폐화시키고 말 것입니다."

하지만 어느 쪽도 루터의 말을 듣지 않았다. 많은 귀족들은 루터의 종교개혁이 그러한 소요의 원인이라며 비난했다. 그런가 하면 농민들은 루터가 예수 그리스도께서 육신이 아니라 영의 자유만을 선사했기 때문에 자신들을 농노의 신분이라는 속박에서 체념하고 살라고 했다며 그를 배신자라고 비난했다. 1525년 봄이 되자 약 30만 명의 농민들이 같은 대의에 동참했다. 그들은 1만 5,000명의 군대를 이루어 가득 찬 저장고와 창고를 턴 다음, 성을 파괴하고 수도원과 수녀원을 불태웠다.

부활절 일요일인 1525년 4월 16일, 하이델베르크 남동쪽에 있는 시장도시 바인스베르크에 모인 농민들은 한 목사를 향해 이렇게 퍼부었다. "루시퍼와 그의 모든 천사들이 풀려났다!" 그들은 두 줄로 늘어서서 백작이 지나가는 동안 창을 휘두르고 비난을 퍼부으며 백작에게 치명적인 매질을 가했다.

한 사람은 이렇게 외쳤다. "우리 아버지는 당신 밭에 있는 토끼를 잡았다고 해서 손이 잘려나갔어!" 이렇게 외치는 사람도 있었다. "당신이 지나갈 때 모자를 벗지 않았다고 해서 내 동생은 지하감옥에 내던져졌어!" 백작이 상처를 입고 쓰러지자 다른 귀족들도 마찬가지로 혹독한 매질을 당해야 했다.

헤센의 필리프가 보기에, 반란자들은 "루트비히 폰 헬펜슈타인 백작을 너무 비기독교도적이고 사악하게 다루어서… 차마 표현할 수가 없을" 정도였다. 며칠이 지나자 봉기는 헤센의 동부 경계 바로 너머에 있는 고장들까지 들썩이게 만들었다.

농민들이 헤센의 바이제나우에 있는 수도원을 공격하여 약탈하고 있다. 수사들을 죽이거나, 식량을 가져가거나, 수사들의 술을 마셔버리거나, 수도원의 연못에서 그물낚시를 하는 사람들도 있다. 1520년대 중반, 부당한 규제와 노력봉사 요구에 분개한 농민들이 전쟁을 일으켜 영주들을 공격했다. 영주들 가운데는 귀족뿐만 아니라 수사들도 있었다.

필리프는 장인인 알브레히트 작센의 게오르크 대공에게 쓴 편지에서 이렇게 말했다. "그토록 방자한 자들을 엄중히 다스리지 않는다면 어떤 권위든 당장 뺨을 얻어맞을 각오를 해야 한다는 것이… 두려우나 분명한 현실입니다." 결연히 대처한 이 영주는 먼저 자기 영내의 반란을 진압한 다음, 북쪽으로 진군하여 대공의 군대와 합류했다. 그런 다음 두 군대는 반란의 온상지인 뮐하우젠을 쳤다. 마르부르크에서 북동쪽으로 128km 정도 떨어진 뮐하우젠은 법적으로는 제국의 자유도시였지만, 실질적으로 서쪽은 헤센의 영주가, 동쪽은 작센의 영주가 다스리는 보호령이었다.

그런 뮐하우젠에서 반란은 극에 달했다. 이러한 봉기의 지도자는 토마스 뮌처였다. 불 같은 이 35세의 전직 프란체스코 회 성직자는 루터와 결별한 뒤 독일에서 루터를 가장 혹평하는 사람이 되었으며, 종교개혁의 주도권을 위해 루터의 경쟁자가 되고 싶어했다. 루터와는 달리 뮌처는 신학과 종교를 구분하지 않았다. 뮌처는 이렇게 말했다. "영주들은 고리대금으로 사람들의 피를 빨아먹으며, 개울의 물고기와 하늘을 나는 새와 들판의 풀 하나까지 자기 소유로 헤아린다." 그는 모든 사람은 자신의 필요에 따라 받고 살아야 한다고 했다. 그는 또 계속해서 이렇게 말했다. "엄중한 경고를 받고서도 이를 거부한다면, 어떠한 군주든, 백작이든, 영주든 목을 잘라버려야 한다."

뮌처는 뮐하우젠 성모 마리아 교회의 목사에 선출되었다. 그의 웅변은 농민들과 광부들과 장인들의 강력한 호응을 받았다. 그들은 시의원들을 모두 면직시키고 새로 뽑았다. 그리고 성직자들을 다 쫓아버렸으며, 모든 수도(修道) 관련 기관들을 폐쇄했다. 뮌처가 '하느님의 영원한 동맹'이라고 이름 붙인 군대가 시내뿐만 아니라 주변의 시골마을 곳곳에서도 결성되기 시작했다. 뮌처는 성모 마리아 교회의 설교단에서 무지개 모양으로 꾸민 기다랗고 하얀 실크 기치를 내걸었다. 성서의 하느님이 대홍수 뒤에 사람들과 맺은 계약을 상징하는 무지개였다. 그는 청중들에게 간곡하게 호소했다. "하느님께서 모세에게 무자비하게 진멸하라고 내리신 명령을 기억하십시오."

4월 26일, 뮌처와 몇백 명의 추종자들은 무지개 기치 아래에 뮐하우젠 밖으로 행진했다. 다른 반란군들과 마찬가지로 그들 중에도 경험 있는 병사들은 많았지만 노련한 장교들은 없었다. 과시용의 창과 칼, 심지어 농기로 무장한 이들의 장비는 형편없이 열악했다. 화기를 가진 사람은 열에 하나 꼴도 되지 않았다. 기병이나 포병도 없었다. 하지만 그로부터 몇 주에 걸쳐서 그들은 처음에는 인근 일대에서, 그리고 북서쪽으로 이어진 공략에서 20여 개의 성과 수도원을 약탈하는 동안 귀족들과 성직자들의 반격을 거의 받지 않았다. 5월 중순이 되자 그들은 뮐하우젠에서 북쪽으로 48km 정도 떨어진 프랑켄하우젠에 진을 치고 있던 대군에 합류했다. 8,000명이나 되는 반란자들의 지도자 자리를 금세 수락한 뮌처는 그들을 향해 하느님이 자신들과 함께

뮌스터의 재침례교도들

1536년, 레이덴의 종교적 과격파인 요한과 그의 두 추종자가 뮌스터에서 처형된 뒤, 그 시신이 철창에 든 채 교회 첨탑에 매달렸다. 성인이 되어 세례를 받고 사회로부터 분리되려고 했던 기독교 분파주의인 재침례파들이 뮌스터를 손에 넣은 뒤, 요한은 잠시나마 뮌스터의 '왕'으로서 통치를 했다.

비록 숫자는 적었으나 독일 재침례교도들은 공민 서약과 군 복무를 거부했기 때문에 권력 당국을 당황하게 만들었다. 권력자들은 그런 당당함에서 반역의 가능성을 보았으며, 그것이 발전되면 무정부주의로 흐를 수 있다고 생각했다. 이러한 당국의 두려움은 뮌스터 재침례교도들의 극단적인 행동으로 더욱 심해졌다. 이들은 일부다처제를 시행하고 있었으며, 공동소유를 옹호하고 있었다. 헤센의 필리프를 포함하여 가톨릭과 프로테스탄트의 여러 영주들은 함께 힘을 합쳐 이 도시를 포위했다. 15개월 뒤, 뮌스터의 왕국은 완전히 사라져버리고 말았다.

하신다는 설교를 했다.

5월 15일이 되자 반란자들은 도시 동쪽에 있는 산 근처로 가서 마차로 바리케이드를 쳤다. 그때 필리프의 기병과 보병이 서쪽에서 다가왔고, 작센 공의 군사들이 동쪽에서 좁혀 들어왔다. 뮌처는 말을 타고 진지 주변을 돌며 사람들을 독려했다. 두 영주는 반란자들에게 모두 살려주겠다고 약속하며 뮌처를 포기하라고 제안했다. 농민들이 설전을 벌이는 동안 뮌처는 하늘을 가리켰다. 태양 주변에 후광이 생겨나고 있었는데, 마치 자기네 기치에 있는 무지개의 모습과 비슷했다. 그는 이것이 임박한 승리를 뜻하는 신의 신호라고 외쳤다.

헤센과 작센의 군사들이 그들을 향해 곧바로 발포하기 시작했다. 최초의 포성이 울리자 뮌처는 이렇게 외쳤다. "이미 말한 것처럼 우린 아무도 다치지 않을 것이다!" 하지만 군사들이 힘으로 밀어붙이자 농민들은 질겁하고 흩어지기 시작했다. 대부분의 농민들이 군사들 앞에 쓰러졌지만 일부는 간신히 시내로 빠져나가 숨기도 했다. 헤센의 백작은 나중에 이렇게 기록했다. "우리는 즉각 도시로 들이닥쳐서 그들을 점령했고, 잡히는 자는 모조리 죽여버렸다." 영주들의 군사 중 전사자는 6명이었고, 농민 반란군의 전사자는 6,000명이었다고 한다. 뮌처는 다락에 숨어서 '병들고 불쌍한 사람' 행세를 하며 누워 있다가 잡혔다.

영주들은 이어서 뮐하우젠으로 진군했다. 도시 부근에서 그들은 수백 명의 여성, 이어서 남성과 마주치게 되었다. 그들은 모두 무릎을 꿇고 자비를 구하고 있었다. 나이 많은 여성들은 초라한 옷차림을, 처녀들은 쑥으로 만든 화환 장식을 걸친 차림을 하고 있었다. 이는 전통적으로 참회를 표현하는 방식이었다. 남성들은 맨발에 삭발을 한 상태였다. 뮌처는 포위된 도시로 끌려 나왔고, 필리프는 이 반군 지도자에게 죄를 자백하라고 했다. 뮌처는 가혹한 고문으로 쇠약해져서 거의 말을 하지 못했다. 그래도 그는 자백을 거부하며, 영주들을 향해 농민들에게 더 이상 짐을 지우지 말라고 촉구했다. 그는 5월 27일에 참수를 당했고, 그의 머리와 몸은 창끝에 꽂힌 채 공공장소에 본보기로 전시되었다.

1526년 여름 동안 농민전쟁이 한창이었을 때 약 10만 명의 반군들이 목숨을 잃었다. 생존자들은 엄청난 보복을 감수해야 했다. 무거운 벌금과 세금에서부터, 브란덴부르크의 카시미르 공이 자신을 주군으로 '우러러보지' 않았다는 이유로 키칭겐 시민 62명을 맹인으로 만들어버리는 가혹한 징벌에 이르기까지, 그들이 겪은 수모는 실로 다양했다. 여러 곳에서 농민들이 불구가 되고 빈곤에 처해졌다. 하지만 영주들이 자신들을 먹여살리는 손을 잘라내는 것은 위험을 자초하는 것이라는 사실을 깨닫고 나서야 비로소 중단되었다. 특히 필리프 같은 몇몇 영주들은 현명하게도 양보를 할 줄 알았다. 필리프는 귀족들이 부과금과 임대료를 함부로 인상하지 못하도록 제한을 가했다. 그는 또 농민을 보살펴주는 지역 병원을 세웠고, 공공학교 시스템을 도입했으며, 신분이 낮은 사람들이 배울 수 있는 대학을 마르부르크에 설립했다.

농민전쟁이 끝나자 필리프는 자신의 새 종교를 강화하는 일에 관심을 돌렸다. 그는 헤센의 수도회 조직을 해산한 뒤, 자신의 새로운 개신교 신앙을 설교할 교회를 건립하기 시작했다. 작센의 게오르크 공과 다른 가톨릭 귀족들은 루터가 염려한 새로운 신앙에 대한 전쟁을 비난하며, 미래의 소요를 방지하고 '저주받은 루터 파'를 억누르기 위해 동맹을 결성했다. 이에 대하여 필리프는 개신교도 도시들과 공국들 사이에 동맹을 결성하여, 그중 하나가 종교적인 이유로 공격을 받으면 서로 돕기로 했다. 1526년, 해마다 슈파이어에서 열리는 제국의회에 귀족, 고위 성직자, 사절이 모두 모였을 때, 이 완고하고 젊은 영주는 자신의 새 신앙을 과시하면서 금요일에 황소 바비큐를 차림으로써 가톨릭 교도들을 분노하게 만들었다. 금요일은 전통적으로 고기가 금기시되는 날이었던 것이다. 1529년에 제국의회가 슈파이어에서 다시 열렸을 때는 가톨릭에 우호적인 법령에 반대하면서 새로운 신앙에 새 이름을 달아주는 복음주의적 저항을 지휘했다. 그래서 이 신앙은 저항을 뜻하는 '프로테스탄트주의'라는 이름을 얻은 것이다.

1530년 6월 15일, 필리프는 대장관을 연출하며 아우크스부르크에 나타났다. 말에 올라탄 그는 회색 옷을 입은 헤센의 석궁수 120명 가운데 서 있었다. 그들의 무기에는 '하느님의 말씀은 영원하다'는 뜻으로 'V.D.M.I.E.'라는 문구가 새겨져 있었는데, 가톨릭 교도들은 이를 두고 "그러니 너희는 도시에서 꺼져버려야 한다"는 뜻이라며 조롱했다. 그들은 이 도시와 다른 공국에서 온 1,000명이 넘는 대표단들과 함께 레크 강을 가로지르는 다리 근처에 줄을 서서 황제 카를 5세를 맞이할 준비를 하고 있었다. 30세의 황제는 프랑스 및 투르크와의 전쟁에 골몰하느라 거의 10년 동안 독일을 떠나 있었다.

카를은 독일을 나눠버린 종교적 분열을 해결할 희망을 안고서 아우크스부르크 의회를 주재하기 위해 돌아오는 길이었다. 그의 위치가 갖고 있는 화려함과 그 위세가 온전히 드러났다. 그와 함께 광대한 제국 곳곳의 조신들과 성직자들이 무리를 이루어 도착했다. 보병이 1,000명, 완전무장한 기병이 500명, 호위대가 300명, 심지어 스페인 사냥개들도 200마리가 따라왔다. 다리에 당도한 카를은 말에서 내려 필리프를 포함한 영주들과 친히 인사를 나누었다. 그런 다음 황제는 시의 여섯 행정장관들이 들어주는 빨강, 하양, 초록 차양 아래에서 천천히 성당까지 걸어갔다.

그가 신성 로마 제국의 권능을 상징하는 화려한 행렬로 성당으로 가는 동안, 필리프는 필시 이런 절차에 의구심을 가졌을 것이다. 그는 카를이 객관적일 수는 없다고 생각했으며(어쨌든 카를은 로마의 가톨릭 신앙을 옹호하기로 맹세했던 것이다), 황제가 종교문제에 대하여 어떠한 경우의 사법권도 가지고 있지는 않다고 생각했다. 행렬이 성당에 도착했다. 하지만 필리프와 그의 동지인 에른스트 작센의 선제후 요한은 무릎을 꿇거나 미사 동안 모자를 벗는 행동을 거부했다.

그날 저녁, 황제는 프로테스탄트 영주들을 모두 불러들였다. 황제의 동생인 페르디난트가 영주들의 목사들이 아우크스부르크에서 설교하는 것을 그만두라고 하자 영주들은 망설였다. 그들은 다음날의 종교행사에 참석하지 않았다. 필리프의 동지인 브란덴부르크의 후작 게오르크는 앞으로 나서서 이렇게 선언했다. "제 하느님과 그분의 복음을 거부한다면, 폐하 앞에 무릎을 꿇고 제 목을 베라고 하는 게 차라리 낫겠습니다."

카를은 오스만투르크 제국과 싸우기 위해서는 이렇게 반골적인 귀족들의 도움이 필요했기 때문에 그들의 무례한 행동을 애써 참아야 했다. 그는 프로테스탄트들에게 서면으로 변호를 할 수 있도록 허락해주었다. 이 문안은 필리프의 오랜 종교적 스승인 필리프 멜란히톤이 작성했다. 아직 제국의 법익을 박탈당한 상태에 있었으며 모습을 드러내면 당장 체포될 수 있었던 마르틴 루터

영주, 수행원, 귀족, 기사 등으로 이루어진 화려한 행렬(아래)이 1530년, 아우크스부르크에서 열린 제국의회 개회식에 참석하기 위해 온 신성 로마 제국의 황제 카를 5세를 호위하고 있다. 위의 그림에서 작센의 대신이 '아우크스부르크 신앙고백'을 낭독하는 동안 아우크스부르크 주교의 궁전에 있는 집회장은 사람들로 가득 차 있다. 이 고백서는 카를과 의회 내의 여러 사람들에게 루터의 신학을 요약해주는 역할을 했다.

는 거의 매일같이 그에게 조언과 격려를 보냈다. 멜란히톤이 제대로 조정을 타결하지 못해서 좌절하는 모습을 본 루터는, 프로테스탄트 교섭자에게 떨어질 수 있는 최악의 경우는 강제이행일 뿐이라고 말해줌으로써 그를 격려했다.

역사에서 '아우크스부르크 신앙고백' 이라고 알려진 이 최종 작품은 루터 신학과 그것의 완결된 신조를 설명해주는 중요한 문서가 되었다. 이 고백서를 황제 앞에서 크게 읽어주는 데에는 두 시간이 걸렸으며, 이때 황제는 적어도 두 번은 졸았다. 가톨릭 교도들은 반박문을 준비했으며, 당연히 황제는 그들 편을 들었다. 황

제가 1531년 4월까지 반대파들(작센의 선제후 요한, 헤센의 필리프, 다른 네 영주, 그리고 여섯 자유도시)에게 어머니 교회의 품으로 돌아오라는 칙서를 발표할 때 필리프는 역겨워서 일찌감치 자리를 떠났다. 하지만 황제의 의지로 억누르기에 종교개혁은 이미 너무 먼 길을 떠난 뒤였다.

필리프와 그의 동지들은 프로테스탄티즘을 방어하기 위해(필요하다면 칼도 써야 한다는 생각으로) 새로운 동맹을 결성했다. 슈말칼덴의 튀링겐에서 창설되어 슈말칼덴 동맹으로 알려진 이 동맹은 금세 다섯 개 이상의 공국과 열 개가 넘는 도시들을 끌어안았다. 카를은 투르크와 싸우느라 바빠서, 자신의 아우크스부르크 최후통첩을 강화하거나 동맹에 대처할 겨를이 없었다. 1534년, 필리프는 합스부르크 왕가가 15년 동안 차지하고 있던 뷔르템베르크 영지를 프로테스탄트 교도인 울리히 공이 되찾도록 도와줌으로써 남부 독일에 대한 황제의 영향력을 더욱 약화시켰다. 동맹의 미래는 밝아 보였다. 동맹의 중심이었던 필리프가 적들에게 아주 쓸 만한 무기를 제공해주기 전까지는 그랬다. 그것은 바로 그의 중혼(이중결혼)이었다.

19세가 되기 전에 게오르크 대공의 딸 크리스티나와 정략결혼을 했던 필리프는 대단히 불행한 결혼생활을 해오고 있었다. 그는 나중에 이렇게 회고했다. "처음 그녀를 본 순간부터 나는 그녀에게 끌리지도, 그녀를 바라지도 않았다. 외모, 기질, 평판이 다 시원찮은데다가 가끔 엄청나게 폭음을 했기 때문이다." 그렇다고 그가 그녀와의 사이에 자녀를 두지 않은 것은 아니었다. 하지만 그랬던 만큼 그는 계속해서 매춘을 이용하여 위안을 얻곤 했다. 그는 자신의 성욕을 다스리지 못한 것에 양심의 가책을 느껴서 성찬식에도 참석하지 않았다. 그렇게 하면 영혼이 저주를 받을까 봐 두려웠던 것이다.

그의 난잡한 생활이 낳은 또 하나의 결과는 성병이었다. 1539년, 필리프는 매독과 함께 양심의 가책에 시달린 나머지 극단적인 행동까지 취하려고 했다. 하지만 당시 이혼은 불가능한 일이었다. 루터 역시 그것을 허용하지 않았고, 이단자인 이 영주가 교황으로부터 혼인 무효 선언을 허락해달라고 부탁할 수도 없는 노릇이었다. 그의 누나인 엘리자베트는 그의 무절제를 해결하기 위한 방법으로 "창녀 여럿 대신 잠자리 동무 하나를 찾아라" 하고 권했다. 필리프는 누나의 조언을 주의 깊게 받아들였으나, 누이가 뜻하는 바 그대로 따르지는 않았다. 즉, 그는 정부 대신에 또 하나의 아내를 취한 것이다.

그는 누나의 17세 된 시녀인 잘레의 마가레트에게 반했고, 1539년에 그녀와 결혼했다. 이 결정은 필리프가 정식으로 기독교식 결혼을 약속해야만 둘의 결합에 동의할 수 있다는 마가레트의 어머니 말에 영향을 받은 것이다. 그는 매력적인 아내를 얻고 나면 다시는 간음의 유혹에 빠지지 않을 거라고 생각했다. 필리프는 최고위급의 승인을 얻고 싶어 루터와 멜란히톤에게 접근하려고 했다.

이혼이란 배우자가 부정을 저지르거나 상대방을 버렸을 경우에만 성립되는 것이라고 믿었던 루터는 이 문제를 두고 많은 고심을 했다. 필리프를 어떻게든 돕고 싶었던 그는 구약성서의 족장들이 신의 뜻을 거슬러가며 중혼이나 일부다처제 상태로 살았다는 점을 떠올렸다. 그래서 1539년 12월, 그는 필리프에게 두 번째 결혼을 용인하되 이는 철저하게 비밀로 지켜져야 한다고 당부했고, 멜란히톤도 그 말에 동의했다. 이 조언은 카를 5세가 8년 전, 중혼을 사형에 처할 만한 죄로 만들어놓았기 때문에 아주 현명한 예방조치였다.

루터의 축복을 받은 필리프는 모든 일을 착실하게 진행했다. 그는 첫 아내로부터 중혼에 대한 동의를 얻어내기 위해 두 가지 약속을 했다. 그녀가 낳은 자녀들이 자신의 후계자가 될 것이며, 그녀와의 '친선'을 계속해서 유지하겠다는 약속이었다. 실제로 그는 10년 후에 그녀가 죽기까지 그녀가 세 자녀를 더 낳게(그렇게 해서 총 10명의 자녀를 두도록) 해줌으로써 그 약속을 지켰다.

1540년 3월, 그는 멜란히톤을 포함한 증인들 앞에서 마가레트와 결혼했다. 이 사실은 절대 비밀이었는데도 불구하고 신부의 어머니는 딸의 결혼 소식을 남들에게 떠들고 다녔다. 누나 엘리자베트 역시 동생의 행동에 화가 난 나머지 비밀 지키기를 거부했다. 비밀이 탄로나자 이를 찬성했던 루터와 다른 신학자들은 그를 외면했다. 루터는 필리프에게 이 결혼계약에 대한 '강력한 부인'과 은닉을 촉구했다. 하지만 필리프는 자신의 결혼을 당당하게 드러낸 채 방어했다.

동지가 되어주기로 한 사람들로부터 버림받은 필리프는 사형선고를 피하기 위해 황제와 화친을 맺기로 했다. 1541년, 필리프와 카를은 다음과 같은 협정을 체결했다. 즉, 황제는 필리프를 기소하지 않고, 종교적인 이유로 헤센과 전쟁을 벌이지 않기로 약속했다. 그에 대한 보답으로 필리프는 슈말칼덴 동맹을 강화하는 모든 노력을 중지하며, 황제에 대항하는 일체의 행동을 단념하기로 했다.

이 협정은 동맹의 맹주를 중립화시키는 것이었으나, 카를은 바깥에서 치르는 전쟁에 너무 골몰해 있어서 협정을 유리하게 이용하지 못했다. 그래서 독일의 프로테스탄트들은 한동안 두려움 없이 자기 길을 갈 수 있었다.

헤센의 필리프(오른쪽)와 그의 첫 아내 작센의 크리스티나(위)를 묘사한 이 목판화는 1535년에 만들어진 것이다. 당시 필리프는 권력의 절정기에 달해 있었다. 필리프는 헤센을 큰 나라로 만들겠다는 자신의 포부를 접고, 자기가 죽은 뒤 적자인 네 아들에게 나라를 나눠주도록 했다.

헤센의 필리프가 정치적인 무력감에 적응하느라 애쓰는 동안 독일 북부의 한 젊은 프로테스탄트는 종교개혁으로 떠들썩한 세상에서 이제 막 새로운 출발을 앞두고 있었다. 1542년 6월, 부유한 양조업자이자 상인의 둘째아들인 22세의 바르톨로뮤 자스트로프는 발트 해 연안 포메라니아 영지의 슈트랄준트에 있는 집을 떠났다. 젊은 바르톨로뮤는 형 요한과 함께 640km 정도 떨어져 있는 슈파이어를 향했다. 그곳에 가서 돈도 벌고, 제국 법원에서 벌어지고 있는 집안 소송사건도 지켜보기 위해서였다.

바르톨로뮤는 한껏 들뜬 기분이었는데, 이 기분은 그와 요한이 비텐베르크에 이르렀을 때 극에 달했다. 두 형제는 열렬한 루터 파였고(포메라니아는 초기 새 신앙의 북부 주요 거점이었다), 요한은 고향의 대학에서 신학을 공부했었다. 둘이 말을 타고 공동묘지 부근에 있는 서점을 지나갈 때, 요한이 마르틴 루터를 발견한 것이다. 흥분한 형제는 악수를 청하기 위해 말에서 내렸다. 곧이어 루터의 친구들은 슈파이어의 법률가들에게 형제를 소개해주는 추천장을 써주었다.

이 편지 덕분에 바르톨로뮤 자스트로프는 괜찮은 사서 자리를 얻어서 제국법원의 한 저명한 소송 대리인의 조서를 필사했다. 그는 이 법률가를 "대단히 학식 있는 법률가이며 뛰어난 변호사"라고 자랑스럽게 이야기했다. 바르톨로뮤는 고향에서 남서쪽으로 66km 떨어진 항구도시 로스토크에 있는 대학에서 2년 동안 공부를 한 적이 있는 잘 준비된 젊은이였다. 그 소송 대리인은 프로테스탄트 공국들이 제국 법원과 단절하자 어쩔 수 없이 직원들을 줄여야 했고, 이때 바르톨로뮤도 일자리를 잃게 되었다.

그는 곧 자기 아버지의 법정 대변자인 지메온 엥겔하르트를 돕는 일자리를 얻었다. 부친 자스트로프의 직물 판매와 사업과 관련된 소송은 고향의 지방법원과 의회를 거치고 뤼벡의 상고법원을 거쳐서 마침내 슈파이어까지 오게 되었다. 새로 일자리를 얻은 바르톨로뮤 자스트로프는 이 소송사건의 진행 과정을 지켜볼 수 있었지만(장차 30년 동안 해결되지 않을 사건이었다), 맡은 일이 예상 밖으로 너무 많았다. 그는 나중에 "차라리 지옥에 가서 일하는 게 낫겠다"

며 불만을 토로했다.

바르톨로뮤는 다른 서기와 함께 일일이 필사해야 하는 400건이 넘는 사건의 서류를 관리해야 했을 뿐만 아니라, 고용주 아내의 집안 하인 노릇까지 해주어야 했다. 그는 그 집의 8세 된 아들에게 독일어 문법을 가르치고, 식탁을 차리고 치우고, 개숫물을 버리고, 배추·순무·빵 같은 일용 식료품 장을 보고, 빨래하는 날에는 물을 펌프질해주고, 펌프가 제대로 작동하지 않으면 이를 고치러 우물 밑으로 내려가야 했다. 그럼에도 불구하고 그녀는 그가 먹는 음식에 대해 인색하게 굴었고('계란 크기만큼도 되지 않는 고기 조각'과 작은 잔에 따른 포도주 한 잔), 허락 없이는 집 밖으로 나가지도 못하게 했다. "그녀의 끔찍한 성격은 그날부로 나에게 여인 천하에 대한 반감을 불러일으켰다"고 그는 썼다.

바르톨로뮤 자스트로프는 일 때문에 맨 앞자리에서 황제를 구경할 수 있었다. 그에 따르면 1543년 가을, 카를 황제가 도착했을 때 한 마부 때문에 말썽이 생겼다고 한다. 황제가 행차하는데 그 마부의 마차가 너무 느리게 가자 황제는 승마용 채찍으로 이 마부를 내리쳤다. 자신을 공격하는 사람의 정체를 몰랐던 이 마부는 마찬가지로 채찍으로 되받아쳤다. 카를은

| 칼뱅과 반란의 불꽃 |

1509년에 태어난 프랑스 신학자 장 칼뱅은 혁명가라 하기엔 너무도 허약하고 수줍음을 타는 예민한 사람이었다. 하지만 그는 강력한 지성과 굳은 신념을 가지고 있었으며, 24세 때 프로테스탄트 신앙으로 개종한 뒤 유럽 전역으로 번진 복음주의 반란에 불을 지핀 인물이었다.

1536년, 가톨릭 일색이었던 프랑스를 떠나 보다 관대한 스위스로 갔던 칼뱅은 〈그리스도교 강요(綱要)〉에서 자신의 신념을 정리했다. 그는 교회의 교리는 오직 성경에만 바탕을 두어야 하며, 교회가 사람들 사이에 적절한 행동을 강제해야 한다고 주장했다. 그는 또 예정설을 믿었다. 그것은 한 사람의 구원이나 저주는 하느님이 미리 결정해놓은 것이니, 사람이 할 수 있는 일이란 하느님을 믿고 성경이 명한 대로만 사는 것이라고 했다. 칼뱅의 저술은 종교개혁 운동에 새로운 층위의 조직과 구조를 부여해주었다. 그리고 그는 칼뱅주의 원리에 따라 도시 전체의 운영을 재편해나갔다.

가톨릭 지배자를 축출해버린 제네바는 칼뱅에게 종교개혁의 완수를 도와달라고 부탁했다. 그는 교회 당국 및 시의회와 함께 제네바 시민들의 모든 생활을 규제하는 엄정한 체제를 만들었다. 그들은 도박, 음주, 가무, 카드놀이 같은 활동을 제한하는 법을 통과시키기도 했다. 동시에 칼뱅은 자선행위와 함께 병원을 개선시켰다. 신교도들은 제네바로 몰려들었고, 칼뱅은 자신의 학교에서 그들을 가르쳤다. 1564년에 이 신학자가 죽자, 그의 학생들은 프랑스와 스코틀랜드와 네덜란드 전역에 그의 가르침을 전파했고 반란을 조장했다.

프랑스 리옹에 있는 이 한 소박 교회에서 칼뱅 파 회중들이 목사의
설교를 듣고 있다. 목사는 그의 오른쪽에 매달려 있는 모래시계로
시간을 재어가며 설교를 하고 있다.

장 칼뱅은 언젠가 다른 신학자에게 자신이 하고 있는 가장 큰
도덕적 투쟁은, 누가 자신에게 반대를 하면 곧바로 치밀어오르는
"야수 같은 자신의 분노"라고 털어놓은 바 있다.

이 마부를 교수형에 처하는 대신에 코를 잘라버리는 것으로 만족했다. 자스트로프는 그 마부가 "은혜롭게도 수술을 잘 받아서 여생 동안 황제를 찬미하는 노래를 불렀다"고 전하고 있다.

1544년 사순절 기간 동안 자스트로프는 황제가 12명의 가난한 사람들의 발을 씻어주는 의식을 거행하는 모습을 지켜보았다. 자스트로프는 "그들의 발은 이미 깨끗하게 씻겨진 상태였고, 황제는 다만 발을 닦아주기만 했을 뿐"이라고 기록했다. 그의 형 요한은 그해 3월에 자신에게 계관시인의 영예를 내려준 황제를 칭송하는 시를 썼다.

두 달이 지난 뒤 자스트로프는 제국의 공증인 자격을 얻어서 더욱 한적한 곳으로 떠났다. 그가 이듬해를 지낸 곳은 슈파이어 북쪽, 마인츠 시 부근에 있는 제국의 니더바이젤이었다. 자스트로프는 성 요한 교

16세기, 제국 군대가 이동하는 동안 보급용 짐마차와 하인, 상인, 기타 종군 민간인들이 대규모로 흩어져서 따라가고 있다. 이들 중 여성들은 종종 음식, 간호, 빨래, 그리고 성적 파트너로 봉사해야 했다.

단의 기사들이 만든 한 가톨릭 단체 징수원의 공증인 자리를 얻었다. 급여를 두둑이 받는 이 징수원은 투르크 전쟁에 참전한 경험이 있는 사람으로서 노년 생활을 신나게 즐기고 있었다. 그는 18세 된 정부에다 방탕한 목사, 어릿광대, 사냥꾼 세 명, 멋진 프리슬리온 종마들, 나이 많은 원숭이를 두고 살고 있었다. "사냥과 잔치와 술판이 늘 벌어지고 있었다." 자스트로프는 이렇게 기록했다. 3년 동안 궁핍하게 지낸 그는 이곳에서 자신에게 인색하게 굴지 않았다. "잘 맞는 옷, 은으로 만든 칼집, 내 새끼손가락의 금반지는 나를 젊은 멋쟁이로 변모시키기에 충분했다."

1546년 초, 바르톨로뮤 자스트로프는 형인 요한이 로마에서 불행한 사랑 놀이에 빠졌다가 사망했다는 전갈을 받았다. 형의 유품을 정리하기 위해 그는 4월에 교황의 도시로 떠났다. 그의 고용주는 자스트로프에게 "이탈리아에 가거든, 특히 로마에 가서는 신학적인 논쟁은 무조건 피하라"고 조언해주었다. 그것은 훌륭한 조언이었다. 이탈리아에서는 독일인이라는 사실만으로도 이단의 혐의를 받기에 충분했기 때문이었다. 그는 치안판사들의 제지를 받고 종교가 무엇이냐는 질문을 받으면 가톨릭 교도라고 속여서 대답했다.

자스트로프가 본 로마에서는 종교재판이 극에 달해 있어서 이단자들을 축출하면서 이들에 대한 가톨릭 교도들의 분노를 부추기고 있었다. 자스트로프가 마르틴 루터의 사망 소식을 들은 것은 교황의 도시에 있는, 한 스웨덴 사제가 운영하는 하숙집에서였다. 하루는 식사를 하는 자리에서 이 사제는 만족스러운 웃음을 지으며 루터에 대해 이렇게 말했다. "그는 응당한 최후를 맞이했소. 악마들의 군단이 그를 덮쳤고, 끔찍한 소음이 그의 주변에 있는 사람들을 다 쫓아버렸지."

자스트로프가 로마를 떠날 무렵인 1546년 6월, 황제와 슈말칼덴 동맹 사이에 오랫동안 참아오던 전쟁이 발발하려 하고 있었다. 프랑스와는 조약을 체결하고 투르크와는 정전을 한 카를 5세는 마침내 헤센의 필리프와 그의 반군 동맹을 손볼 준비를 하고 있었다. 황제를 돕기 위해 교황 바오로 3세가 모집한 이탈리아 용병들이 길에 우글거렸다. 자스트로프는 자신도 용병 같아 보이게 하기 위해 갖은 애를 썼다. "나는 칼을 옆으로 차고 묵주를 벨트에 늘어뜨리고서 교황의 연대에 합류하는 군인 같아 보이도록 했다." 자스트로프는 또 니콜라스라는 독일인 동료와 동행을 했는데, 이탈리아 어를 유창하게 했던 그 동료만 이야기를 하게 하고 자신은 벙어리 행세를 했다.

'란츠크네히테(Landsknechte)'라고 하는 독일인 용병들도 악명이 높았다. 하지만 자스트로프가 보기에 이탈리아 용병들은 훨씬 더 '대단한 악당들'이었다. 그와 동료가 이탈리아의 비테르보 시 부근의 한 여관에서 식사를 하고 있을 때, 한 무리의 용병들이 들이닥쳐서 주인을 문 밖으로 내던져버리더니 주인의 식료품 저장고를 약탈하고 포도주를 마셨다. 그들은 떠나기 전에 지하 저장실의 포도주 통에 구멍을 내버렸다.

위장한 두 독일인이 마음에 든 용병들은 두 사람에게 비테르보로 함께 가자고 강권했다. 자스트로프와 동료는 기회를 틈타 그들에게서 도망쳐나왔다. 도시에는 교황의 징집병들이 가득했기 때문에 겁을 먹은 자스트로프와 친구는 그런 용병들이 묵는 숙소를 피해가며 시민들 집의 문을 두드리고 다녔다. 하지만 별 소용이 없었다. 그날 밤에도 두 사람이 다른 거리를 찾아 헤매고 다니는데, '마흔 정도 된 잘 차려입은 남자'가 다가왔다. 위장한 두 사람의 차림에도 불구하고 그 남자는 그들이 독일인임을 단번에 알아보았고, 도시의 행정장관에게 붙들리면 고문을 당할 거라는 경고까지 했다. "당신들을 안전한 길로 안내해주겠소." 이 낯선 남자는 그들을 데리고 시의 관문까지 갔다. 그리고는 수문장에게 새벽이 오기 전에 그들을 달아나게 해주라고 했다. 놀란 두 사람은 이 신비로운 은인의 정체를 전혀 알 수가 없었다.

곧 그들의 이탈리아 인 차림은 오히려 부담스러운 짐이 되었다. 오스트리아 국경 부근에서 그들은 한 무리의 광부들을 만나게 되었다. 그들은 "전혀 경건하지는 않았지만, 어쨌든 교황보다는 루터를 낫게 여기는" 사람들이었다. 두 사람의 차림과 군인들이 들고 다니는 장비를 착용한 것을 본 광부들은 창을 휘두르며 이렇게 외쳤다. "교황 숭배자들을 죽여버리자!" 놀란 자스트로프와 동료는 자신들의 정체를 밝힌 뒤 곧바로 독일인 복장으로 바꾸어 입었다.

남부 독일에서 그들은 북쪽 프로테스탄트들의 전면적인 공격을 기다리고 있는 황제 군사들의 전선을 지나갔다. 하지만 그런 공격은 절대 일어나지 않았다. 프로테스탄트 영주 중 하나이며 헤센의 필리프 제후의 사위인 알브레히트 작센의 모리츠 대공이 황제와 결탁하자 이전의 동지들은 뒤로 돌아서 자기 영토를 방어해야 했던 것이다.

슈트랄준트로 안전하게 돌아간 자스트로프는 공작의 서기관 밑에서 일하게 되어 슈말칼덴 전쟁과 관련된 중요한 외교임무를 수행해야 했다. 1547년 봄, 그는 서기관을 따라 황제를 설득하는 작업을 하러 가게 되었다. 포메라니아의 두 공작은 이미 10년 전에 슈말칼덴 동맹에 가입했지만, 전쟁 기간 동안 사실상 중립 지대로 남아 있었던 것이다. 이 임무가 중요했던 것은, 황제가 4월에 비텐베르크 부근 뮐베르크의 전장에서 승리를 확정지으며 프로테스탄트들을 격파했기 때문이었다.

며칠이 지나 자스트로프는 프로테스탄트인 작센의 선제후 요한 프리드리히(헤센의 필리프의 원래 동지인 요한 선제후의 아들)가 패배를 당하고 항복한 지역을 말을 타고 지나갔다. "어디를 둘러보나 최근에 있었던 전투의 흔적이 남아 있었다. 부러진 창, 부서진 머스켓 총, 땅에 흩어진 조각난 마구(馬具), 그리고 가는 곳마다 상처를 입고 죽어 있거나 굶주림에 허덕이고 있는 병사들이 즐비했다." 자스트로프는 프로테스탄트의 대의를 상징하는 갑옷의 노란 목가리개를 숨기고 제국 군대를 상징하는 빨간 목가리개를 달았다. 한 스페인 군인(그곳 제국 군대의 3분의 1은 스페인 사람들이었다)은 자스트로프의 새 목가리개를 보더니 "당신은 최근에 와서야 황제를 위해 일하기 시작했구려" 하고 말했다. 그는 조금 더 말을 타고 가다가 멈춰선 뒤 목가리개가 낡아 보이도록 책에다 대고 마구 문질렀다.

거의 3개월이 지나서 헤센의 필리프가 항복했을 때 자스트로프는 작센의 도시 할레에 있었다. 필리프는 배신한 사위 모리츠로부터 황제가 자신을 심하게 다루지 않을 것이라는 다짐을 받았다. 하지만 사실 카를 황제는 이 반역의 영주에게 굴욕을 주기를 원했다. 1547년 6월, 필리프는 서기관이 사과문을 낭독하는 동안 황제 앞에 꿇어앉아 있었다. 황제는 필리프가 허세를 부리며 웃음을 짓고 있는 모습을 보았다. 카를은 손가락질을 하며 이렇게 외쳤다. "좋다. 너에게 소리 내어 웃는 법을 가르쳐주마!" 그 것은 거짓이 아니었다. 이후 5년 동안 필리프는 바이에른에 있는 제국 도시 도나우뵈르트에 유폐되어 스페인 병사들의 감시를 받으며 살아야 했다. 자스트로프는 몇 년이 지나서 이

뮐베르크 전투에서 헤센의 필리프와 프로테스탄트의 슈말칼덴 동맹과의 싸움에서 거둔 황제의 승리(위쪽)를 기념하기 위해 그려진 금갈색의 초상화에서 보이는 진홍색 띠와 안장 덮개는 카를 5세를 가톨릭 신앙의 수호자로 받드는 상징이었다(왼쪽 아래).

렇게 썼다. "나는 내 아이들에게 권위에 복종하라고 권고한다. 영혼의 안녕과 신체의 건강을 위해서 선동을 일으키는 자들과는 절대 화친을 하지 말아야 한다."

2년이 지난 1549년 6월, 황제의 22세 된 아들 펠리페가 슈파이어에 왔을 때 자스트로프는 역사의 증인이 되고 있었다. 공들을 위해 일을 잘해준 덕분에 자스트로프는 슈파이어 제국 법원에서 포메라니아 법무관으로 지명되었다. 젊은 펠리페를 보면서 자스트로프는 "지적인 것과는 거리가 먼 그의 얼굴은 언젠가는 자기 아버지 같은 사람이 되겠다는 그의 희망이 가망 없음을 보여준다"고 느꼈다. 어깨가 넓은 그의 아버지와는 달리 펠리페는 키가 작고 야위었다. 그리고 귀족들에게 관대했던 황제와는 대조적으로, 자스트로프가 보기에 그 아들은 "나이가 지긋한 경우가 많았던 선제후들과 영주들에게 몹시 거칠게 대했다." 1550년, 포메라니아로 돌아간 자스트로프는 개인 법률사무소를 열고 결혼도 했다. 그리고 53년 뒤에 세상을 떠날 때까지 그곳에서 살았다.

자스트로프가 고향으로 돌아간 지 2년이 지난 1552년에 프로테스탄트 영주들은 또 하나의 반란을 일으켰다. 이번에는 감금된 자기 장인을 황제가 심하게 다루는 것을 보고 질린 모리츠 대공이 반란을 주도했다. 프로테스탄트들은 헤센의 필리프와 작센의 요한 프리드리히를 해방시켰으며, 카를을 독일에서 쫓아냈다. 이로써 루터 파의 신앙 자유를 쟁취하고, 약화된 제국의 틀 속에서 각자의 영토를 다스릴 권리를 얻어냈다.

독일에서 실패한 카를은 1555년, 자신의 많은 것을 포기하기 시작했다. 그의 동생인 페르디난트가 독일과 오스트리아, 그리고 황제 자리를 물려받기로 했다. 그의 아들 펠리페 2세는 곧 스페인 국왕이 되었는데, 이는 카를의 출생지인 네덜란드에 대한 지배권을 포함하는 자리였다.

10월이 되자 일찍 늙어버린 카를은 네덜란드에 대한 지배권을 물려주기 위해 브뤼셀로 돌아갔다. 한때는 근육질이던 몸이 병으로 노쇠해진 이 55세의 황제는 검고 소박한 옷을 입고, 짧게 자른 백발을 한 채, 뼈마디 굵은 한 손은 지팡이를 짚고 다른 한 손은 아끼던 젊은 영주의 어깨를 짚은 채로 궁전의 넓은 홀로 절뚝거리며 걸어들어갔다. 튼튼하고 잘생긴 22세의 이 영주는 오라녜 공 빌렘(오렌지 공 윌리엄)이었다. 별로 눈에 띄지 않았던 차기

지친 사냥꾼들과 사냥개들이 겨울 원정에서 돌아오고 있다(아래). 그 뒤로는 마을 사람들이 마을 축제를 준비하면서 돼지고기를 굽고 있다.

방금 딴 버찌와 채소가 담긴 바구니를 머리에 인 농민들이 장터를 향해 가고 있다. 그 뒤편 먼 곳에 있는 풀밭에서는 일꾼들이 방금 베어낸 풀을 갈퀴로 긁고 있다(가운데 그림). 바로 위에는 갈퀴를 든 세 아가씨들이 고단한 하루 일을 끝내고 집으로 돌아가고 있다.

| 낮은 땅의 농민들 |

'낮은 땅'으로 불린 16세기 네덜란드의 농민들의 생활은 지역에 따라 크게 달랐다. 예를 들어, 북동지방인 헬데를란트나 룩셈부르크 같은 남부지방에서는 농노제가 여전히 남아 있었으며, 그곳의 농민들은 땅을 소유한 교회와 귀족에게 봉사를 하고 세금을 바쳤다. 플랑드르나 브라반트 같은 지역의 농민들은 그보다는 자유로운 생활을 했다. 그들의 조상은 이미 12세기 때부터 농노제에서 해방되었다. 지역 농민들이 독일로 이민을

떠나는 것을 방지하고, 바다를 메워서 만든 땅에서 일하도록 유인하기 위해서 가톨릭 교회와 부유한 귀족들이 자유와 토지임차권을 준 것이다. 프리슬란트와 그로닝겐 같은 북쪽 끝에 있는 지방에서는 부유층이 땅을 많이 소유하는 일이 없었기 때문에 봉건제가 아예 자리잡지 않았다.

16세기의 농민들은 다양한 일을 했다. 많은 사람들은 자신들이 먹을 것뿐만 아니라, 인근 고장의 시장에

내다팔 곡식과 기타 작물을 재배했다. 아니면 아마나 삼 같은 산업용 작물을 길러서 발전해가는 직물 산업을 부양했다. 목축업은 돈벌이가 좋은 일이었으며, 부유한 농민들(농민들이 다 가난했던 건 아니었다)은 가능하면 많은 가축들을 모았다. 장인으로 일하거나, 도시나 읍내의 일용직으로 일하는 사람들도 있었다.

대부분의 농민들은 1층에 커다란 방 하나와 화로가 있는 밀짚 지붕 오두막에 살았다. 하느님을 두려워하고 낯선 사람들을 경계한 이들은 이웃들과 친하게 지내면서 12일절 전야제, 성령 강림절 주간, 5월제 같은 명절을 손꼽아 기다리곤 했다. 11월이면 가족들이 모두 모여 가축시장에서 산 황소나 돼지를 잡았다. 그렇게 해야 춥고 긴 겨울 여러 달을 버틸 수 있었던 것이다.

케르미스(kermis)라는 장은 해마다 한 번씩 열린(나중에는 두 번씩), 옛 네덜란드에서 가장 큰 연례행사였다. 이 장은 지역의 수호성인을 기리는 축제일에 마을 광장에서 열렸다. 거의 1주일 동안 멀고 가까운 곳에서 사람들이 몰려와서 이동하는 상인들에게 물건을 사고, 음식을 나눠 먹고, 웃고, 이야기하고, 길에서 마음껏 춤을 추었다. 하지만 길거리에서 카드놀이를 하거나 누가 노려봤다고 오해하다가 말다툼이 벌어지는 등, 지나친 음주에 대해서는 그만한 대가를 치러야 했다. 싸움이 벌어지면 금세 난장판이 되어버렸고, 엄격한 구경꾼들의 각기 다른 평들이 쏟아졌다. 이런 사람들 중 상당수는 단지 그러한 모습들을 구경하기 위해 케르미스에 오는 경우도 많았다.

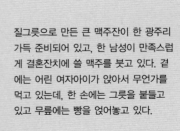

질그릇으로 만든 큰 맥주잔이 한 광주리 가득 준비되어 있고, 한 남성이 만족스럽게 결혼잔치에 쓸 맥주를 붓고 있다. 곁에는 어린 여자아이가 앉아서 무언가를 먹고 있는데, 한 손에는 그릇을 붙들고 있고 무릎에는 빵을 얹어놓고 있다.

떠들썩한 플랑드르의 케르미스 동안 춤추는 커플들을 위해 백파이프 연주자가 신나게 연주를 하고 있다. 다른 하객들은 술을 마시고 있고, 한 남녀는 내놓고 키스를 하고 있다.

통치자 펠리페는 그들의 뒤를 따라 걸어들어갔다. 카를은 네덜란드의 유명한 귀족인 빌렘이 새로 권좌에 오를 아들 펠리페를 잘 도와주기를 당부했다.

스페인에서 태어나고 자란 펠리페 2세는 네덜란드 어도, 프랑스 어도 몰랐으며, 왕의 절대권력을 신봉하는 사람이었다. 또한 그는 열렬한 가톨릭 교도로서, 다른 종교에 대한 관용이 전혀 없었다. 이렇듯 그는 네덜란드를 지배할 준비가 제대로 되어 있지 않았다. 당시의 네덜란드는 17개 지방(오늘날의 네덜란드, 벨기에, 룩셈부르크, 프랑스 일부를 이루는)이 저마다의 법과 법원과 귀족과 전통과 언어(남부의 투르네 같은 도시에서 쓴 프랑스 어에서 저지(低地) 독일어, 다양한 네덜란드 방언에 이르기까지)를 달리하고 있었다. 각 지방 안에는 군과 공국, 영지, 독립 도시들이 있었으며, 이들은 각자의 헌장과 법원과 길드와 정부조직을 갖고 있었다.

아버지와 마찬가지로 펠리페는 각 지방의 군주가 되었다. 네덜란드 전체를 통치하는 왕은 없었기 때문이다. 하지만 왕의 정부가 가지고 있던 유일한 권능은 군대에 대한 지배와 각 지방의 책임관리, 그리고 도시의 행정장관을 선임하는 권한이었다. 왕이 새로운 정책을 입안하거나 자금 요청을 할 때에는 지방 대표들에게 제안서를 제출하여 가부를 물어야 했다.

펠리페는 새로운 신하들 사이에 프로테스탄트 신자들이 많은 것을 매우 싫어했고 정치 시스템도 혐오했다. 물론 네덜란드 사람들 중 다수가 가톨릭이었지만, 그들의 신앙은 펠리페와 그의 스페인 사람들의 신앙보다는 훨씬 관대한 것이었다. 펠리페의 아버지는 네덜란드에서 루터주의자들을 몰아내기 위해 온갖 노력을 기울였다. 그런데 펠리페는 그보다 더 강력한 2세대 종교 개혁가들과 맞서게 되었다. 그것은 남부에서 네덜란드로 밀려들어오고 있던 칼뱅주의자들이었다.

펠리페는 곧 이단을 단속하는 더욱 엄격한 칙령을 발효했으며, 새로운 주교 교구를 여러 군데에 만들었다. 그는 이러한 새로운 주교 교구에 종교적 열정이 대단한 주교들을 지명했다. 그들은 새로운 신앙을 옹호하는 사람들을 엄하게 처단한 사람들이었다. 종교 재판관들은 이단자들을 맹렬히 잡아들여서 약식재판을 한 뒤 선고를 내리고, 바로 화형이나 교수형을 집행했다.

"우리는 오라녜 공을 원한다!"

일부 귀족들은 펠리페의 숙청운동에 저항했다. 하지만 혹독한 탄압에 굴하거나, 지방자치에 대한 위협의 우려 때문에 위축되곤 했다. 그중에 가장 큰 목소리를 낸 반대파는 오라녜 공 빌렘이었다. 그는 경건한 가톨릭이자 북부의 홀란트·젤란트·위트레흐트 세 지방의 행정장관이었다. 그는 다른 일부 관리들과 마찬가지로 자기 영지 내에서 펠리페의 칙령 집행을 거부했다. 빌렘은 자신의 염려를 펠리페의 이복누이이자 네덜란드의 섭정이었던 파르마의 마르가레테에게 전달했으며, 왕의 자문기구인 국가회의에도 우려의 뜻을 전했다. "가톨릭 신앙에 대한 제 애착이 아무리 강하다 하더라도, 저는 백성들의 양심을 통제하고 그들로부터 신앙의 자유를 빼앗으려 하는 군주들의 시도에는 동의할 수 없습니다."

빌렘은 반골 같아 보이지는 않았다. 독일 남서부 나사우의 백작이었던 그의 아버지는 귀족 가문 중에서도 가난한 방계 출신이었다. 빌렘이 11세였던 1544년, 한 부유한 사촌이 프랑스에서 전사하면서 그에게 네덜란드의 방대한 영토뿐만 아니라, 프랑스의 론 강에서 동쪽에 있는 약 1만 5,000km²의 오라녜 지방을 물려주었다. 이 소년은 어느 날 갑자기 유럽 전역에서 가장 부유한 사람 중 하나가 된 것이다. 빌렘의 부모가 이미 루터 파로 개종한 뒤였는데도 카를 5세는 그를 비호하여 브뤼셀의 제국 궁정에서 가톨릭 교도로 길렀다.

이 부유한 소년은 예리한 지성을 갖추고 사교성이 좋은 사람이 되었다. 빌렘은 온갖 계층의 사람들을 능숙하게 다루는 재능을 갖고 있었다. 그는 네덜란드의 공식 언어였던 프랑스 어와 일상어였던 네덜란드 어를 포함하여 5개 언어를 사용함으로써 이를 가능하게 했다. 그는 매 부리기를 대단히 좋아했고, 여러 궁전에서 연회를 여는 것을 즐겼다. 그의 파티에는 궁정의 샘에서 포도주가 솟아오르거나, 투명한 설탕으로 만든 접시가 선보이는 등의 독특한 재미가 있었다.

빌렘은 스스로를 왕의 충직한 신하라고 생각했기 때문에, 펠리페 2세와의

네덜란드 최상층의 귀족들이 파르마의 마르가레테의 아들 결혼식 연회에서 축하를 하고 있다. 연회와 마상시합을 곁들인 호화스런 결혼 축하는 서민들에게 반감을 심어주었으며, 불만을 품은 귀족들에게는 펠리페 2세에 대한 적대감만을 더욱 키워주게 했다.

절연이 처음부터 이루어진 것은 아니고 아주 서서히 진행되었다. 종교적 자유를 억누르려는 군주에 대한 반감이 더욱 심해진 것은 1561년이었다. 첫 아내가 죽은 뒤 빌렘은 제국에 반기를 든 모리츠의 딸이자 루터 파인 작센의 안나와 결혼하려고 했다. 이 영주와 왕 사이의 관계는 펠리페가 네덜란드 곳곳의 지방정부를 억눌러 더 강한 정치권력을 추구하면서 더욱 악화되었다. 빌렘은 이 스페인 국왕과 그 추종자들에게 그들이 "스스로를 목 매달 밧줄을 만들고 있다"며 경고했다.

1566년 3월, 네덜란드에서는 반란이 임박했다. 3월 29일에 파르마의 마르가레테는 회의를 소집하여 빌렘에게 반란을 잠재울 것을 요청했다. 나라가 혼돈에 빠지는 것이 못마땅했던 빌렘은 대신 정부에서 온건한 계획을 내놓는다면 그 요청에 동의하겠다고 했다. 그는 이렇게 말했다. "만사에는 질서가 있어야 하며, 그것은 지킬 수 있는 것이어야 합니다. 자신이 옳다고 생각한 일을 했다고 해서 화형에 처해지는 것을 보면 사람들은 자극을 받게 됩니다. 그것은 양심 문제이기 때문입니다."

1주일 뒤, 빌렘의 남동생인 나사우의 루이스 백작을 포함하여 약 200명의 소장 귀족들이 섭정에게 청원을 했다. 이단에 대한 칙령과 종교재판을 유예해달라는 요구였다. 마르가레테의 재상 중 하나는 그녀에게 이 '거지 부대'를 두려워하지 말라고 했다. 하지만 귀족의 지지를 잃는 것을 두려워했던 그녀는 스페인에 파견단을 보낼 때까지 유예한다는 데 마지못해 동의했다. 그녀에게 청원을 했던 귀족들은 신이 나서 이 '거지들'이란 말을 자랑스럽게 받아들였으며, 커다란 메달을 주조하기도 했다. 이 메달의 양쪽 면에는 펠리페 2세가 가죽가방을 한 손씩 붙들고 있는 모습이 주조되어 있었다. 이런 가죽가방은 실제로 거지들이 나무그릇과 함께 들고 다니는 것이었다. 마르가레테의 뜻밖의 양보는 다가올 소란스러운 12개월의 시초를 알리는 일이었다.

많은 도시에서 가톨릭 교회의 예배 출석률은 매우 형편없었다. 여러 도시에서 파문당한 칼뱅주의자들은 '거지들'과 마르가레테의 온건함에 용기를 얻어서 도시로 돌아와 공공연하게 모이기 시작했다. 일요일이면 수천 명이 시골의 널따란 들판에 모여서 '울타리 설교'라 불린 예배를 가졌다. 생명의 위협을 느끼는 설교자들에게는 무장한 호위대가 따라다녔고, 보통 참석자들도 총이나 창, 칼이나 쇠스랑을 들고 왔다.

행정장관들이 그런 불법 집회는 사형감이라고 경고했지만 아무 소용이 없었다. 집회를 해산시키기 위해 정부군이 온다는 소문을 들은 성난 군중들이 안트웨르펜의 시 외곽에 모여 시위를 했다. 지역 관리들이 이들을 해산시키려고 했지만, 성난 군중들은 "우리는 오라녜 공을 원한다!"며 외쳤다.

섭정은 빌렘에게 긴급 서한을 보내, 안트웨르펜으로 가서 사람들을 진정시켜줄 것을 부탁했다. 빌렘은

카를 5세의 딸인 파르마의 마르가레테는 플랑드르에서 자랐으며, 1536년 14세의 나이로 플랑드르 공작과 결혼했다. 공작이 1537년에 살해당하자 마르가레테는 짧게나마 그 도시의 통치권을 이어받았다. 곧이어 그녀는 이탈리아 북부 파르마의 공작과 결혼하여, 1559년에 네덜란드의 섭정으로 지명되기까지 그곳에서 살았다. 그리하여 그녀는 네덜란드를 통치한 16세기 합스부르크 왕가의 몇몇 여성 중 하나가 되었다.

6월 초에 임신한 아내를 두고 서둘러 그곳으로 출발했다. 안트웨르펜과 다른 여러 곳의 불안은 경제적 어려움 때문에 더욱 심해졌다는 것을 빌렘도 잘 알고 있었다. 무역량의 감소는 오랫동안 유럽의 무역과 산업의 중심지였던 땅에 실업과 불황의 그늘을 드리우게 했다. 이는 펠리페의 강경노선의 결과이기도 하고, 또한 직물 산업 경쟁에서 영국이 승리한 결과이기도 했다.

곡물 가격이 예측할 수 없을 정도로 들쭉날쭉하자 식량 가격이 치솟았다. 마르가레테는 빌렘에게 상황에 엄정하게 대처하라고 촉구했다. 그는 실업자들을 고용하는 공공사업을 벌였다. 그리고 칼뱅 파들에게 무장한 채 예배에 참석하지 말 것을 요청하면서, 그들이 도시 안에서 예배를 할 수 있도록 방안을 구상 중에 있다고 알렸다. 그는 곧 섭정에게 안트웨르펜이 잠잠해졌다는 편지를 보낼 수 있었다.

하지만 그것은 폭풍 전야의 고요였다. 정부의 한 조언자는 8월 2일, 스페인에 있는 친구에게 네덜란드가 격동에 휘말렸다는 편지를 보냈다. "수도원과 성직자들에게 먼저 최초의 타격이 가해진 다음 일단 불이 붙으면 번져나갈 것으로 우려가 되네." 그리고 실제로 그렇게 되었다. 8월 중에 네덜란드를 휩쓴 칼뱅주의자들의 열정은 절정에 달했다. 이 열성파들은 서부 플랑드르에서 시작하여 안트웨르펜(빌렘이 브뤼셀로 떠난 바로 다음날)과 17개 지방으로 번져나가며 가톨릭 교회를 공격했다. 그들은 스테인드글라스 창과 조각상, 제단, 그림, 책, 예복, 은과 금으로 된 성배, 십자가 등 우상 숭배의 기미가 있는 모든 것을 파괴했다. 이러한 성상 파괴적인 분노(네덜란드 어로 '벨덴슈토름(beeldenstorm)')는 플랑드르 서부에서만 400개의 교회와 수녀원을 약탈하게 했다. 겐트에서 당국자들이 속수무책으로 지켜보는 가운데 아이들이 조각상의 머리를 잘라내는 등의 기괴한 파괴 장면은 이제 흔히 볼 수 있는 것이 되었다.

16세기의 한 장인은 거지의 그릇을 은과 나무를 섞어서 이렇게 비싸게 만들어냈다. 이러한 그릇은 1566년 4월, 이단법에 반발하는 청원을 하기 위해 브뤼셀로 몰려온 귀족들을 두고 섭정 마르가레테의 한 재상이 '거지들'이라고 폄하한 뒤부터 저항의 상징이 되었다. 귀족들은 그러한 뜻을 당장 받아들여서 때때로 극빈층의 거친 회색 모직 옷을 일종의 유니폼 삼아 입기도 했다.

마드리드에서 '벨덴슈토름' 소식을 들은 펠리페 2세는 분노로 제정신이
아니었다. 그는 자기 수염을 쥐어뜯으며 "비싼 값을 치를 줄 알아라!" 하고
외쳤다. 펠리페가 네덜란드 인들을 벌 줄 계획을 진행하는 동안 파르마의 마
르가레테는 칼뱅주의자들에 대항하기 위한 시간을 버느라 갖은 애를 쓰고 있
었다. 8월 말이 되어 폭동이 더욱 심해지자 그녀는 다시 소장파 귀족들('거지
들')을 만나 이미 확보가 된 예배의 자유를 허가해주기로 했다.

8월 들어 종교의 자유가 도를 넘어서자 정치적 저항을 지지하던 일부 귀족
들은 오히려 섭정 편으로 돌아섰다. 10월에 빌렘은 네덜란드의 행정장관이자
존경받는 군인이었던 에흐몬트 백작과의 만남을 주선했다. 펠리페에 대항하
기 위해선 에흐몬트 백작의 지지가 매우 중요했기 때문이었다. 그들과 몇몇
귀족들은 플랑드르 동부의 작은 사냥용 오두막에서 만났다. 빌렘은 에흐몬트

'거지들'이 펠리페의 종교정책에
반발한 것에 힘을 얻어 프로테스
탄트들이 안트웨르펜 외곽지역에
서 야외 설교에 참석하고 있다(위).
네덜란드 전역에서 일어난 이런
'울타리 설교'를 마르가레테가 막
아내지 못하자, 오랫동안 억눌려
왔던 칼뱅주의자들은 이에 힘을
얻어 가톨릭 교회에 대한 그간의
분노를 쏟아내며 조각상을 파괴하
고, 창문을 부수고, 예복을 찢어버
리고, 제단 장식을 베어버렸다(오
른쪽).

를 부엌으로 슬쩍 불러내 그를 설득했지만, 에흐몬트는 거절했다. 그러자 빌렘은 고개를 저으며 이렇게 말했다. "안타깝군요, 에흐몬트 백작. 당신 같은 사람들은 스페인 인들이 우리 나라로 건너오는 다리를 놓아주고 있소."

뒤이은 몇 달 동안 빌렘은 자신이 행정장관으로 있는 세 지방의 불안을 잠재우기 위해 구교와 신교의 차이를 해소하는 등 온갖 노력을 기울여 많은 성과를 거두었다. 하지만 그의 온건한 조정방식은 그리 오래 가지 못했다. 대부분 스페인 부대로 이루어진 펠리페의 군대 1만 명이 60세의 유능한 장군 알바 공의 지휘를 받아 진격해오고 있었던 것이다. 1567년 2월, 섭정 마르가레테는 모든 재상들에게 정부에 대한 무조건적인 복종 서약을 하게 할 정도로 확신에 차 있었다. 에흐몬트와 많은 사람들이 마지못해 동의를 했지만 빌렘은 단호히 거부했다. 오라녜 공 빌렘은 보석과 다른 귀한 물건들을 판 돈을 독일의 고향으로 보내고 있었다.

1567년 3월, 한 무리의 무장 반군들이 시 외곽에서 정부군의 공격을 받았다는 소문이 들렸다. 이때 빌렘은 안트웨르펜에 있었다. 빌렘은 관문들을 폐쇄하라고 명령했다. 하지만 2,000명의 시민들이 정부군에 맞서 싸우기 위해 밖으로 밀고나갔다. "가긴 가되 죽을 각오는 하고 가시오!" 빌렘은 성난 군중들을 향해 외쳤다. "적의 기병들이 당신들을 모두 죽이고 말 거요." 그의 진심 어린 설득에 사람들은 다시금 발길을 돌려 도시로 돌아갔다. 하지만 그것은 달콤하면서도 쓰디쓴 승리였다. 빌렘은 싸움이 모두에게 금세 다가올 줄을 알고 있었기 때문이다.

안트웨르펜의 시민들은 정말 마지못해 되돌아갔고, 오라녜 공 빌렘 역시 그래야 했다. 4월 10일에 그는 펠리페에게 사직서를 보내고 네덜란드를 떠날 준비를 했다. 당황한 군중들이 그를 따라 관문까지 쫓아나와서 그에게 어디로 가는지 물었다. "매 사냥 계절이라 딜렌부르크로 갑니다." 그는 이 말만을 남기고 떠났다.

알바 공작은 도착하자마자 공포정치를 시작했다. 섭정 마르가레테는 아무런 힘도 못 쓰게 되었다. 이단을 극도로 혐오한 이 엄격하고 권위적이고 노련한 공작은 왕에게 이런 편지를 썼다. "이곳에서는 새로운 세계가 창조될 것입니다." 그는 새로운 세계를 창조하기 위해 칼뱅 파들의 봉기에 책임이 있는 사람들을 벌했다. 그는 '고충해결 회의'라는 특별법원을 세웠는데, 사람들은 이를 '피의 회의'라고 불렀다.

"내가 살아 있는 한 굴복을 기대하진 말라."

네덜란드는 이후 6년 이상 알바의 압제에 시달려야 했다. 수천 명이 체포되어 감옥에 던져지고 고문을 당했다. 그리고 많은 사람들은 재산을 압류당

했고 속속 처형이 집행되었다. 에흐몬트는 빌렘의 대의에 합류하기를 거부했지만, 초기에 펠리페의 정책 중 일부에 저항했다는 이유로 1568년에 처형되었다. 어떤 때는 40명이나 50명씩 집단으로 처형당하기도 했다. 어디에나 알바의 스파이와 정보원이 있었고, 다른 곳으로 이민을 가는 것도 금지되었다. 안트웨르펜에 온 한 영국인 방문객은 이렇게 쓴 적이 있다. "이제는 교황주의자들조차도 알바 공이 사람들을 모두 노예로 만들고 다닌다고 우려하고 있다."

빌렘은 독일에 있는 조상들의 고향에 머물면서 스페인의 점령을 비난하는 소책자들을 쏟아냈다. 그는 비록 군사를 일으키기 위해 독일 프로테스탄트 영주들의 도움을 얻어내는 데는 실패했지만, 그런 목적을 위해 쓰일 자금은 몇몇 부유한 네덜란드 인들로부터 비밀스럽게 확보해놓고 있었다. 그는 이 자금과 자신에게 남은 재산을 이용하여 1568년, 독일 용병들을 모집한 뒤 네덜란드를 침공했다. 하지만 각자 따로 군대를 이끈 그와 그의 동생 루이스는 순식간에 알바의 군대에게 격파를 당하고 퇴각해야 했다.

1572년, 40세인 빌렘의 처지는 희망이 없어 보였다. 거의 무일푼이 되어버린 그는 채권자들에게 쫓기는 신세가 되었다. 스페인 정부는 네덜란드에 있는 그의 재산을 모두 압류해버렸다. 그의 부인 안나는 궁핍한 도피생활을 받아들이지 못해 매일 술만 마셨다. 어느 날, 그녀는 안트웨르펜 출신의 망명객인 유부남 법률가와 함께 도망갔다. 이로써 빌렘의 결혼생활도 끝장나버렸다. 공적으로나 사적으로나 크게 실패를 맛보았지만, 빌렘은 내면의 굳은 의지만큼은 끝까지 꺾이지 않았다. 그는 한번은 이렇게 말했다. "상황이 아무리 비관적이어도 끝까지 최선을 다하라. 그리고 모든 시도가 다 실패했다고 하더라도 자신을 잃지 마라."

해군의 공격은 빌렘에게 뜻밖의 수입을 가져다주었다. 그것은 불만에 찬 맹렬한 반가톨릭 교도였던 귀족들, 재산을 모두 빼앗긴 상인들, 일거리를 잃

은 어민들, '바다의 거지들(시 베거스)'로 알려진 여러 종류의
깡패들이 모두 힘을 합쳐 이루어낸 결과였다. 그들이 갖고
싸웠던 배 30척은 찢어져서 기운 돛 아래 썩어가는 갑판
에다, 못으로 박은 고물 대포를 실은 낡아빠진 상선이
었다. 원래 이 '바다의 거지들'은 1568년, 스페인 지
배에 항거한 빌렘의 동생 루이스가 조직한 것이었
다. 스페인에 대한 그들의 공격이 실패한 뒤, 그들
은 영국 해협에 자리잡고, 스페인 배를 약탈하거나
네덜란드 해안에서 노략질을 했다. 하지만 그들의
행위는 일종의 정당성을 가지고 있었다. 그들은 스
페인의 폭정에 항거하는 핵이었던 빌렘의 위임장을
가지고 있었던 것이다. 프랑스 남동부의 작은 지방
오라녜의 주권자인 빌렘은 다른 나라의 상선을 나포할
수 있는 면허장을 발행할 수 있었다. 영국 남부의 익숙
한 여러 항구를 다니며 활동했던 '바다의 거지들'은 곧 무
차별적인 해적으로 변해갔다. 어떤 나라의 배든 닥치는 대로
대포를 들이대고 기부금을 요구했던 것이다.

1572년 4월 1일, 식량과 물자가 다급했던 '바다의 거지들'은 자기 선
장들 중 한 사람의 고향인 홀란트 지방 남서부 끝자락에 있는 브릴이란 항구
로 항해를 했다. 그런데 놀랍게도 스페인 부대는 이 작은 해안도시를 방어하
지 않고 있었다. 의기양양해진 '거지들'은 오라녜 공의 이름으로 재산을 압
류하고 가톨릭 교회를 약탈했으며, "사제와 수사와 교황주의자를 **빼놓고는**"
모두 좋은 대우를 받을 것이라고 선포했다.

브릴을 상륙 거점으로 차지했다는 소식에 빌렘은 깜짝 놀랐다. 그는 나름
대로 다른 작전계획을 세우고 있었지만 이렇게 빨리 좋은 소식이 올 줄은 몰

이 초상화에서는 잘 차려입고 있
지만, 오라녜 공 빌렘은 스페인의
펠리페 2세에게 대항하는 데 쓸 자
금을 마련하기 위해 자신의 많은
옷들을 팔아야 했다. 여기서 그는
검은 벨벳 모자를 쓰고 있는데, 줄
어드는 머리숱을 가리기 위해 그
는 종종 이 모자를 쓰고 있었다.

랐던 것이다. 어쨌든 반란을 위한 조건은 매우 무르익었다. 사람들의 불만은 알바 공이 점령군의 살림을 위해 모든 상거래에 부과한 10%의 세금에 집중되어 있었다. 브뤼셀에서 10% 세금에 대한 반발은 매우 격렬했다. 빵장이들과 양조업자들과 푸주한들은 그 돈을 내기 싫어서 거래를 중단하기까지 했다. '바다의 거지들' 이 브릴을 장악한 뒤 이웃 항구들로 뻗어나가는 동안, 가는 고장마다 스페인에 반발하는 봉기가 일어났다.

1572년에 대대적인 군사행동을 전개하기 위한 빌렘의 계획은 그가 관계를 발전시켜온 프랑스의 프로테스탄트인 위그노들에게 달려 있었다. 그의 동생 루이스는 5월에 적은 병력으로 프랑스에서 네덜란드 남부를 공략했다. 3개월 동안 독일 용병들에게 댈 돈을 필사적으로 끌어모은 빌렘은 8월에 약 1만 6,000명의 군사를 이끌고 남부지방인 브라반트로 진격했다. 하지만 위그노들로부터는 더이상의 도움을 받지 못했다. 프랑스 왕이 빌렘의 희망을 꺾기라도 하려는 듯 대학살을 명령했던 것이다. 결국 루이스는 9월에 항복하고 말았다.

빌렘은 어느 날 밤 자신의 하얀 퍼그 개가 미친 듯이 짖으며 자기 얼굴 위로 뛰어오르는 바람에 적의 손으로부터 간신히 벗어날 수 있었다. 빌렘은 결국 자신의 옛 영지이자 반군의 거점인 홀란트로 달아났다. 그는 형제인 요한에게 자신은 "그곳에 무덤을 만들 각오를 하고 가서 끝까지 대의를 지키기로" 결심했다는 편지를 보냈다.

홀란트와 젤란트 지역 의회에서 또다시 행정장관으로 지명된 빌렘은 봉기를 자신이 직접 공식적으로 이끌기로 했다. 그는 비록 칼뱅 파로 개종했지만, 모든 형태의 기독교 신앙에 대한 관용을 갖고 있었다. 그는 자신의 목적에 대해 "스페인 독수리와 늑대의 손아귀로부터 조국 전체의 옛 자유와 번영을 회복하는 것" 이라고 말했다.

빌렘은 이제까지의 쓰디쓴 패배에도 불구하고 반군의 결의를 잃지 않았다. 알바는 반란이 일어난 세 고장(메헬렌, 주트펜, 나르덴)의 주민들을 학살하라는 명령을 내렸다. 그는 1573년 여름에 홀란트 북부 도시인 하를렘을 포위했는데, 이곳의 저항은 7개월 동안이나 계속되었다. 그후 10월 말에 알바는 반군을 최대의 위기로 몰아넣었다. 또 하나의 홀란트 도시인 레이덴을 포위하기 시작했던 것이다. 레이덴에는 1만 5,000명의 주민이 있었으며, 북해를 매립한 비옥한 목초지로서 바닷가에서 16km 떨어진 내륙에 자리잡고 있었다.

알바의 부대는 5개월이나 포위했지만, 그에 비해 레이덴에 대한 타격은 상대적으로 미약했다. 1574년 3월 말, 스페인 군대는 다시 싸움에 뛰어든 빌렘의 동생 루이스가 이끄는 1만 5,000명 독일 용병들의 공격에 맞서기 위해 동쪽으로 이동했다. 수적으로나 질적으로나 우세했던 스페인 군사들은 4월 중순에 이 공격을 물리쳤고, 그들은 루이스와 그의 24세 된 동생 헨리를 죽였다. 빌렘은 최고사령관들이자 자신의 목숨보다 더 소중히 여긴 동생들을 잃고 만 것이다.

5월 말에 레이덴은 또다시 포위되는 위기를 맞았다. 1만 명 정도의 스페인 부대가 들어와서 62개의 요새에 대한 포위를 강화했다. 그들은 레이덴을 공격하는 대신 이들을 굶겨서 항복시킬 작정이었다. 이것이 실제로 가능했던 것은, 다시 포위를 당하기 전에 식량과 무기를 비축해두라는 빌렘의 권고를 이 도시가 무시했기 때문이다. 이제는 레이덴으로 전령을 들여보내는 것도 어렵게 되어, 빌렘은 연락을 하기 위해 통신용 비둘기인 전서구(傳書鳩)에 의존해야 했다. 3개월을 버틴 그는 시민들을 격려했고, 사람들을 구출할 방법을 궁리했다. 빌렘은 어느 누구보다도 레이덴을 지켜야 한다는 사실을 잘 알고 있었다. 이제 한 번만 더 좌절당한다면 봉기 전체가 붕괴될 수도 있었기 때문이다.

오라녜 공 빌렘은 전장에서 뛰어난 장수는 아니었지만(분명 알바 공과는 상대

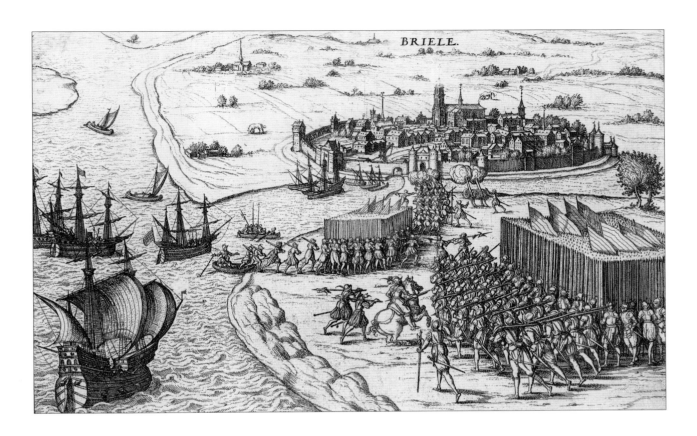

BRIELE.

1572년 4월 1일, '바다의 거지들'은 홀란트의 브릴을 장악하여 네덜란드 내에서 최초로 봉기의 거점을 마련했다. 반군들이 이곳을 우연히 공략했을 때, 이 항구의 스페인 부대들은 다른 곳에 파견된 상태였고, 남성 거주자 대부분은 고기잡이를 하러 바다에 나가 있는 상태였다. 닥쳐오는 '거지들'의 군사가 5,000명이 넘는다는 거짓 정보로 인해 브릴에 남아 있던 대부분의 시민들은 서둘러 달아나야 했다.

가 되지 않았다) 전략을 짜는 데는 재능이 있었다. 그는 자기 사람들이 군인으로서보다는 선원으로서 더 훌륭하다는 사실을 잘 알고 있었다. 빌렘은 도시 앞에 있는 땅을 바다로 만들면, 얼마 안되는 해군이지만 그들이 물바다가 된 목초지를 건너와서 레이덴을 구출할 수 있다고 믿었다. 이렇게 극단적인 계획을 수행하기 위해서는 먼저 도시를 보호하는 해안 둑을 터서 엄청난 강물의 수문을 열어야 했다. 이 계획은 어마어마한 희생을 감수해야 하는 일이었다. 짠물이 들판의 수확물과 토양을 모두 망가뜨릴 것이기 때문이다. 그는 홀란트의 입법부를 설득하여 자신의 계획에 동의하게 했다. 그리고 피해를 입은 농민들에게는 변상해줄 것을 약속받았다. 이 계획을 위해 필요한 자금을 대기 위해서 홀란트의 재력 있는 부인들은 은과 보석과 비싼 가구를 희사하기도 했다.

8월 초, 빌렘은 에이셀 강과 뫼즈 강을 따라 있는 둑에 먼저 16개의 구멍을 내기 위해 카펠레 마을로 떠났다. 그로부터 1주일 뒤, 여러 가지 심적 부담에 괴로워하던 그는 마침내 열병에 걸려 앓기 시작했다. 그는 살아 있는 동생 요한에게 편지를 썼다. "너무 복잡한 일이 많아서 내 머리가 멍해지니, 내가 대체 무슨 일을 하고 있는지 모를 정도다." 그는 로테르담에 있는 옛 수녀원에서 아예 몸져누웠다. 방의 답답한 열기를 누그러뜨리기 위해 하인들은 바닥에 초록빛 나뭇가지들을 깔아놓고 그 위에 물을 뿌리기도 했지만 그의 열은 식을 줄 몰랐다. 그러자 그가 죽었다는 소문이 금세 퍼졌다.

빌렘은 레이덴 책임자의 용기와 애국심을 끝까지 믿었다. 아드리안 반데르 베르프는 샤무아 영양가죽 제조 및 거래업자였다가 칼뱅주의에 대한 열렬한 신봉 때문에 1566년에 네덜란드에서 쫓겨난 사람이었다. 망명생활 중 그는 네덜란드로 잠입한 뒤 비밀임무를 수행하여 빌렘의 신임을 얻었다. 이제 포위당한 도시 안에서 그는 식량 배급을 담당한 지역 정부를 관장했고, 양배추와 순무를 재배하는 채소밭을 지켰으며, 도시의 성벽 아래에서 풀을 뜯는, 얼마 남지 않은 소와 말을 보호했다.

8월 말, 통신 비둘기가 병상에 누워 있는 빌렘의 지시를 가지고 날아왔다. 반데르 베르프는 그제야 안도의 한숨을 쉬었다. 둑에 16개의 구멍이 뚫렸고 물이 차오르기 시작했다. 반데르 베르프는 장터에서 사람들에게 빌렘의 편지를 읽어주었다. 그의 명령에 따라 음악 연주자들은 시내 곳곳에 있는 멋진 운하를 따라, 그 위를 가로지르는 돌다리를 건너다니며 신나는 음악을 연주하여 사람들의 사기를 고무시켰다. 축포의 불꽃이 하늘을 밝게 수놓고 성벽

굶주린 레이덴 주민들이 '거지들'로 이루어진 구조 선단이 던져준 빵과 청어를 정신없이 먹고 있다. 선단은 빌렘의 군사들이 바닷물로 채운 땅을 항해하여 도시 안으로 바로 들어왔다. 오랫동안 굶주린 일부 주민들은 너무 서둘러 먹다가 목이 막혀 죽기도 했다.

을 따라 음악 소리가 울려퍼지자 스페인 군사들은 깜짝 놀랐다.

이윽고 레이덴을 구하기 위한 소형 선단이 준비되었다. 약 2,000명의 선원으로 이루어진 이 선단 요원들 중 상당수는 '바다의 거지들'의 흉터 많은 베테랑들이었다. 노와 장대로 움직이는 바닥 편평한 짐배가 약 200척 모여서 대포를 탑재하거나 식량을 실었다.

이 소형 선단은 출발이 좋았다. 터버린 둑 사이로 흘러들어간 바닷물이 금세 차올라서, 배들은 레이덴에서 약 8km 떨어진 지점까지 막힘없이 갈 수 있었다. 그곳에서 스페인 군사들은 바닷물로부터 도시를 막아주고 있던 가장 바깥쪽의 세 방벽인 60cm 높이의 둑을 방어하고 있었다. '거지들'은 9월 10일 밤에 이곳을 뚫고들어갔지만, 더 이상의 진격은 할 수가 없었다. 퇴각하는 스페인 방어군들과 접전을 벌이며 계속해서 진창에 빠지다 보니 배들이 몇 주 동안 3~5km밖에 나아가지 못했던 것이다. 결국에는 물이 너무 낮아져서 목초지에서 풀을 뜯는 소들의 모습까지 보였다.

배들은 23cm 깊이의 물에 좌초하게 되었다. 병이 다 나은 뒤 빌렘은 꼼짝 못하게 된 함대가 있는 곳으로 나아가서 요원들을 독려했다. 하지만 그는 뚫린 둑 사이로 충분한 바닷물을 밀어넣을 정도의 강한 바람과 높은 조류가 1년 중 그 시기에는 없다는 사실을 잘 알고 있었다. 그는 통신 비둘기를 이용해서 채 3km도 떨어져 있지 않은 레이덴 시민들에게 확인 메시지를 보냈다.

도시 속의 사정은 절박했다. 한 달째 빵을 구경할 수도 없었고, 마지막 남은 말과 소가 도살되고 있었다. 사람들은 쥐를 잡아먹었고, 나무껍질을 벗겨 먹었다. 기아에다 설상가상으로 전염병까지 덮쳐 수천 명이 이미 죽거나 죽어가고 있었다. 반데르 베르프는 어느 날 아침, 자신의 방문 앞에서 한 시신을 발견했다. 그가 계속해서 스페인 사령관과의 협상을 거부한 데 대한 사람들의 항의의 뜻이었다. 성난 군중들이 시내 한가운데서 그에게 몰려들자 그는 이렇게 말했다. "여기 내 칼이 있소. 이걸로 내 심장을 찔러서 내 살을 여러분들끼리 나누시오. 내 몸으로 여러분의 배고픔을 달래시오. 하지만 내가 살아 있는 한 항복을 기대하진 마시오!"

10월 1일 밤, 빌렘이 불가능하리라 생각했던 사건이 일어났다. 바로 엄청난 광풍과 높은 조류가 만난 것이다. 북해의 바닷물이 둑 사이로 넘쳐들어와서 순식간에 내륙을 메웠다. 좌초해 있던 네덜란드 함대는 하루 만에 60cm 높이의 물에 떠서 곧바로 레이덴을 향해 힘차게 진격했다. 요새화되어 있던 한 마을에서 스페인 군들도 배를 몇 척 띄워 소규모의 해전이 일어났고, 대포가 불꽃을 피우면서 과수원이 불타기 시작했다. 네덜란드 인들은 계속 진격했다. 마침내 1574년 10월 3일 일요일 새벽, 그들은 스페인 군이 물이 허리까지 차오른 지대를 따라 모두 달아났음을 알게 되었다. (나중에 스페인 사령관은 자신이 빌렘의 거지들을 두려워했다고 사람들이 생각할까 봐 인근 요새에 이런 기록을 남겼다. "잘 있거라, 이 나라여. 잘 있거라, 작은 요새여. 적의 공격 때문이 아니라 물이 무서워서 버려진 곳이여.") 레이덴의 부두에 도착한 선원들은 너무 굶주려서 제대로 서 있지도 못하는 사람들에게 빵덩이를 던져주었다.

그날 빌렘은 남쪽으로 약 16km 떨어져 있는 델프트 시의 교회에 있다가 레이덴의 승리 소식을 가지고 온 전령을 맞았다. 역병이 가득한 도시의 지독한 공기를 마시면 큰일난다는 친구들의 말을 무시한 채 그는 다음날 레이덴으로 서둘러 떠났다. 그는 아직도 계란과 소시지와 치즈로 잔치를 벌이고 있는 레이덴 사람들의 용기와 인내를 칭송했다. 그리고 이 도시가 2년 동안 먹을 수 있는 식량이 확실히 공급될 때까지 그는 오랫동안 이곳에 머물러 있었다.

레이덴 수복은 반군들에게 커다란 전환점이 되었다. 이제 빌렘과 반군들은 스페인 군의 억압이 두렵지 않았다. 몇 해 동안 네덜란드를 남북으로 통일하고 자유를 쟁취하자는 빌렘의 비전은 실현 가능해 보였다. 레이덴, 투르크와 벌인 전쟁은 스페인으로서는 엄청난 경제적 손실이었다. 네덜란드에 주둔해 있던 스페인 군사들은 낮은 급료에 불만을 품고 반란을 일으켰다.

이런 상황에 힘입어 1576년에는 네덜란드의 17개 지방 전부가 스페인 군을 몰아내는 데 협조하기로 했다. 남부의 봉기에 힘을 실어주기 위해서 빌렘은 본부를 브뤼셀로 옮긴 다음 다시 안트웨르펜으로 옮겼다.

빌렘은 세 번째 부인을 얻으면서 새롭게 심신의 안정을 되찾았다. 그는 30세 된 부르봉 가문의 샤를로트와 1575년에 소박하게 결혼식을 올렸다. 그녀는 대수녀원장으로 있던 가톨릭 수녀원에서 달아나 칼뱅주의로 개종하면서, 프랑스 영주였던 아버지에게 절연을 당한 처지여서 지참금도 없는 형편이었다. 샤를로트는 빌렘과 그의 자녀들을 잘 돌봐주었고, 7년 동안 여섯 명의 딸을 낳았다.

샤를로트는 빌렘의 안전이 늘 염려되었다. 많은 네덜란드 인들이 아직도 스페인에 충성하고 반란군의 봉기를 혐오했지만, 빌렘은 별로 조심하지도 않고 사람들 앞에 나타나곤 했다. 1580년, 펠리페 2세는 반란을 잠재울 수 있는 유일한 방법은 빌렘을 제거하는 길뿐이라는 결론을 내렸다. 왕은 이 영주를 "기독교계 전체를 어지럽힌 가장 큰 적"이라고 부르며 빌렘의 머리에 엄청난 현상금을 걸었다.

그로부터 2년 뒤, 안트웨르펜에서 한 포르투갈 상인의 점원으로 일하던 후안 하우레기는 빌렘에게 가까이 다가가 그의 얼굴을 향해 권총을 발사했다. 총알은 빌렘의 수염과 머리털을 날리며 그의 양볼을 뚫고 지나갔다. 빌렘은 5주 동안이나 사경을 헤맸고, 샤를로트는 밤낮으로 그의 병상을 지켰다. 천만다행으로 그가 회복되자 샤를로트가 몸져눕더니 숨을 거두고 말았다.

남부지방을 지킬 수 없었던 빌렘은 네덜란드를 통일한다는 꿈을 포기한 채 1584년, 북쪽에 있는 델프트의 오래된 수녀원에 들어가 머물렀다. 이곳의 보안은 매우 느슨했다. 이곳에 칼뱅 파 순교자의 아들 행세를 한 27세의 장롱 만드는 발타자르 제라르라는 도제가 있었다. 제라르는 광적인 프랑스 가톨릭 교도로서, 펠리페 왕이 현상금을 내걸기 오래 전인 12세 때부터 빌렘을 죽이

이 16세기의 동판화는 1584년 7월 10일에 델프트에서 일어난 오라녜 공 빌렘의 암살사건을 묘사하고 있다. 오른쪽 위편에서 빌렘은 저택의 식당에서 가족들과 식사를 하고 일어나고 있다. 식당 바깥에는 발타자르 제라르가 권총으로 빌렘을 쏘고 있다. 이 총은 제라르가 무일푼이라고 하자 빌렘이 그에게 준 돈으로 산 것이었다. 왼쪽에서 제라르는 저택에서 탈출하려고 하지만, 정원 담장을 타고 오르기 전에 붙잡힌다.

겠다고 맹세한 사람이었다. 마침내 7월 10일, 오라녜 공 빌렘이 거처하는 숙소의 식당 밖에서 제라르는 빌렘의 가슴에 권총을 들이대고 두 발을 쏘았다. 51세의 빌렘은 앞으로 비틀거리며 마지막 말을 남겼다. "하느님이시여, 제 영혼과 이 가련한 사람들에게 자비를 베푸소서." 제라르는 붙잡혀서 고문을 당하다가 죽었지만, 그의 가족은 스페인 정부로부터 시신을 수습할 수 있었다.

암살 소식이 전해진 지 몇 시간이 되지 않아서 홀란트 지방의회는 계속해서 투쟁해나가겠다고 맹세했다. 그들은 1648년, 빌렘의 아들인 마우리츠의 도움으로 북부 7개 지방의 영구적인 독립을 얻고 스페인과 평화조약을 맺게 되었다. 이러한 승리에서 빌렘이 차지한 역할은 그의 무덤에 새겨진 비문을 보면 알 수 있다. 거기에는 "네덜란드의 운명을 더 값지게 만든 조국의 아버지"라고 되어 있다.

세계의 시장

"안트웨르펜은 거의 암스테르담이 되어가고 있다."
1594년, 조이데르 해(네덜란드 북쪽 해안의 얕은 만. 지금은
둑 때문에 바다와 차단되었다—옮긴이)에 있는 네덜란드 공
화국의 번성한 항구를 찾은 한 방문객이 감탄하며 말했
다. 한때 '세계 최고의 상업도시로 가장 유명했던' 안
트웨르펜은 1585년에 스페인의 손에 넘어갔고, 유럽
상업의 중심지로서 부와 권력을 쌓아가고 있던 암스테
르담에게 왕위의 홀(笏)을 넘겨주고 말았다.

언제나 농지가 바닷물에 침수당할 위험에 처해 있던
네덜란드 사람들은 많은 필수품을 수입해오는 데 익숙
해 있었다. 월등한 배, 뛰어난 항해술, 기업가 정신 역
시 세계 무역 네트워크 중간상인으로서의 경이로운 성
공에 도움이 되었다. 네덜란드 인들은 1400년대부터
발트 해에서 곡물을, 노르웨이에서 목재를 수입하면서
해외무역을 시작했다. 은과 후추 같은 고가의 품목으로
무역을 확대하면서, 그들은 금세 유럽 시장을 장악해버
렸다.

네덜란드의 해운에 어마어마한 혜택을 가져다준 것
은 '플로이트(fluit)'라고 하는 화물선의 발명이었다. 이
배는 엄청난 양의 물자를 실어나를 수 있게 만들어진,
바닥이 넓적한 배였다. 플로이트는 건조비용이 적게 들
뿐더러 승무원도 많이 필요하지 않았다. 네덜란드 배의
원가절감 효과는 대단해서 외국의 경쟁자들도 이 배를
빌려 썼다.

종교적인 관용으로 유명해진 인도의 연합 주(州)로
이민자들이 몰려들었다. 부자들은 해외 무역, 토지 개
발 프로그램, 이윤이 많이 남는 네덜란드의 조선 및 직
물 산업에 투자할 돈을 들고 왔다. 기술 좋은 장인들은
다이아몬드 절단이나 유리제품을 만드는 기술 등의 신
기술을 소개했다. 성공한 네덜란드의 동인도회사는 위
험을 감수할 투자자 말고도 모험심 가득한 선원들을 뽑
았다. 이 회사의 지분은 암스테르담 증권거래소의 주요
투기 대상이 되었다.

1599년, 동인도에서 이국적인 향신료를 싣고 오는 네덜란드 상선 네 척을
환영하기 위해 작은 배들이 암스테르담에 몰려들고 있다. "홀란트가 홀란
트로만 남아 있었다면 그토록 풍성하게 짐을 싣고 돌아오는 배를 구경할
수 없었을 것이다" 하고 한 목격자는 말했다. 다른 상선들과는 달리 대부
분의 플로이트(원 안의 그림)는 무장을 하지 않았다. 대신에 무장한 배들이
따라다니는 경우가 많았다.

네덜란드 해안 간척지를 묘사한 이 그림에서 싱싱하고 비옥하고 평평한 농토는 마치 조각조각 기워 붙인 퀼트 작품 같다. 멀리 풍차가 보이고, 소들이 풀을 뜯고 있고, 농민들이 밭에서 이야기를 나누며 일을 하고 있다. 그리고 밭들 사이로 난 좁은 운하에는 사람들을 태운 돛단배들이 오르내리고 있다. 피터 브뤼헬 2세가 그린 그림의 세부를 따온 두 인물의 모습은 곡식을 줍는 여인(왼쪽)과 곡식을 베는 남자(오른쪽)의 그림이다.

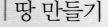

| 땅 만들기

"하느님은 세상을 만들었고, 네덜란드 사람들은 홀란트를 만들었다." 네덜란드 사람들이 흔히 하는 말이다. 바닷물이 들판이나 도시에 흘러들어오는 것을 막기 위해 고안된 제방 및 배수 기술은 저지대인 네덜란드에서 여러 세기 동안 활용되어온 기술이었다. 16세기와 17세기 동안 도시 투자자들의 자본과 발전된 공학기술이 들어오면서, 바다를 매립해서 커다란 농지를 만들어내는 경우가 많아졌다. (1590년과 1640년 사이의 50년 동안 약 8만km²의 땅이 매립되었다.)

곡식을 빻고 목재를 켜는 데 사용되었던 풍차의 힘은 놀라운 기술 진보를 이루어, 둑으로 막은 지대의 바닷물을 퍼내는 데 응용되었다. 사람들은 먼저 물이 얕고 넓은 지역을 둑으로 두른 다음, 이 둑을 운하로 둘러쌌다. 풍차들은 계단식으로 된 땅에 줄줄이 세워져서, 아래에 있는 풍차부터 둑으로 둘러싼 땅에 고인 바닷물을 물레바퀴로 퍼내어 위의 풍차로 전달하는 방식으로 쓰였다. 이렇게 퍼낸 물은 먼저 둑 바깥에 있는 운하로 옮겨진 다음 강이나 바다로 흘러갔다.

여전히 둑으로 둘러싸여 있던 간척지는 '폴더(polder)'라고 했는데, 이런 땅들은 작물을 재배하기에 좋은 비옥한 밭뿐만 아니라, 돈이 많이 남는 목축업에 필요한 풀을 제공해주었다. 낙농용 소는 우유, 치즈, 버터 등을 제공해 네덜란드 내수용뿐만 아니라, 프랑스·독일·발트 해 여러 나라에 수출할 수 있게 해주었다. 소는 또 농업생산을 하는 땅을 비옥하게 만드는 중요한 거름도 만들어주었다. 그밖의 다른 간척지들은 리넨을 생산하는 데 쓰는 아마, 밧줄을 만드는 데 쓰는 대마, 맥주를 양조하는 데 쓰는 보리 및 홉 같은, 네덜란드 산업에 필요한 원료를 제공하는 데 이용되었다.

바다에서 온 부(富)

　　많은 네덜란드 사람들은 생계를 위해 물에 의지했다. 민물고기와 바닷물고기가 모두 풍부했지만, 네덜란드 어민들은 '큰 어업'인 청어 무역으로 부를 쌓았다. 네덜란드 청어 어선단은 1500년대를 거쳐 1600년에 이르기까지 영국 해안의 여울을 누볐다. 외국인들이 부러워했던 이들 선단은 배 450척 규모였다.

　　네덜란드 뱃사람들은 해마다 6월부터 9월 사이에 커다란 배('보이젠'이라는 이 배를 영국인들은 '버스'라고 불렀다)를 타고 바다로 나가 몇 달씩 바다에 떠 있으면서, 발트 해에서 북해로 이주하는 청어를 잡아들였다. 선원들은 잡은 즉시 생선에 간을 한 다음 통에 집어넣었다. 그런 다음엔 작은 배들이 다니면서 큰 배에 물자를 공급해주고, 재어놓은 생선을 항구로 가져갔다. 네덜란드 사람들은 청어를 일종의 현금으로 사용했다. 그리하여 청어로 독일의 사치품을, 남서부 유럽 전역의 포도주와 소금을, 발트 해의 곡물을 사들였다.

　　1612년에 네덜란드 인들은 그린란드와 북극 인근의 섬인 스피츠베르겐 해역에서 고래잡이를 시작했다. 9개의 네덜란드 선주들이 결성한 '북부회사'는 북극 포경의 근거지에 대한 독점권을 따냈으며, 그곳에 가서 영국과의 경쟁에서 앞서나갔다. 고래로 만든 상품은 대단히 수요가 많았다. 고래 지방으로 만든 기름은 비누를 만들거나 불을 밝히는 데 쓰였고, 고래의 연한 뼈는 칼 손잡이나 사진 틀, 우산을 만드는 데 쓰였다. 고래잡이는 따뜻한 달에만 가능했기 때문에 북부회사의 직원들은 여름만 되면 미친 듯이 일을 해야 했다. 그들은 포경선이나 스피츠베르겐에서 고래 사체를 벗기고 지방을 끓이면서 살았다.

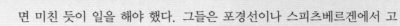

북부회사의 직원들이 고래를 죽일 준비를 하고 있다
(위). 작살에 찔린 고래는 회사의 기지가 있는 스피츠
베르겐 섬까지 배로 끌려왔다. 이 일대의 황량함은 포
경선에서 한 번에 몇 달을 지내면서 일해야 하는 사
람들의 고립감을 더욱 강조하고 있다.

활기찬 17세기의 항구 모습. 부두 노동자들은 청어더
미에 소금을 끼얹고 있다. 배에서 소금을 치고 통에
잰 청어는 부피가 줄어들어, 항구에 도착해보면 통이
덜 차 있는 것이 보통이었다. 일꾼들은 다시 소금을
친 다음 통이 최대한 꽉 차도록 만들었다.

시장에서는 자신이 고른 생선을 가리키고 있는 이 네
덜란드 부인과 같은 손님들에게 다양하고 싱싱한 생선
을 제공했다(왼쪽). 생선장수가 생선을 토막내는 동안
한 구경꾼이 이를 지켜보고 있다.

해외무역 제국

16세기 말, 네덜란드 선주들은 포르투갈과 스페인 등의 경쟁자로부터 돈벌이가 좋은 아시아의 향신료 무역을 빼앗아오기 위해서 극동으로 떠나는 원정대에게 자금을 댈 회사를 만들었다. 1602년에 공화국 의회는 경쟁하던 여러 회사들을 합병하여 네덜란드 동인도회사를 만들었다. 그리고 아프리카 희망봉 동쪽의 무역에 대한 독점권을 주었다. 자바 섬 바타비아에 본부를 둔 이 회사는 점점 더 부유하고 강해져갔다. 직물과 도자기 및 기타 호화품에 손을 뻗은 이 회사는 200년 가까이 네덜란드 공화국의 가장 큰 식민지 부의 원천이 되었다.

하지만 네덜란드 서인도회사는 그보다 성공적이지 못했다. 이 회사는 1620년대, 북미의 맨해튼 섬에 모피 무역 식민지를 건설했으나, 40년 뒤에 이 뉴암스테르담을 영국에게 빼앗기고 말았다. 이 회사는 1630년대부터 사탕수수를 수확하기 위해 아프리카 인들을 브라질과 카리브 해로 보내는 데 큰 역할을 했다. 브라질 북부의 페르남부쿠에서 포르투갈 인들을 쫓아낸 네덜란드 인들은 그곳에 식민지를 건설했다. 그리고 포르투갈에 이 거점을 다시 빼앗기는 1654년까지 사탕수수 농장을 경영하며 살았다.

동인도회사의 상선과 인도 배가 네덜란드 국기를 휘날리면서 인도 벵골의 후글리 강에 있는 무역 거점에 다가가고 있다. 회사의 관리들은 든든한 방어벽 안에서 인도인들이 창고의 짐들을 싣고 내리는 것을 감독하고 있다.

아래의 브라질 설탕공장 그림에서 노예들은 허리가 부러지도록 고된 일을 하고 있다. 일꾼들은 사탕수수 압착기를 돌려서 단물을 빼내고(오른쪽 위), 그 액체를 커다란 솥에 끓여서 정제한다(아래). 사탕수수 즙은 설탕뿐만 아니라 럼이나 당밀의 원료가 되었다.

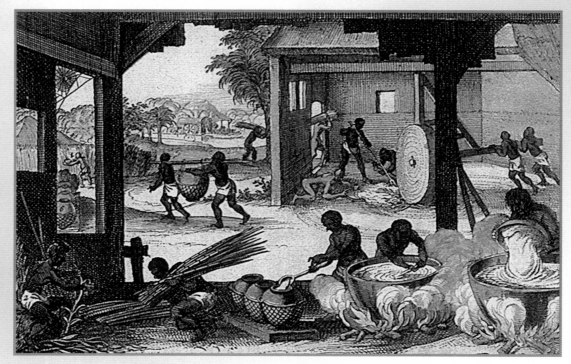

| 유럽 금융의 중심지

암스테르담이 국제무역의 중추가 되자 이곳에서 거래를 하는 외국 상인들에게는 당시 유통되던 여러 화폐를 교환할 곳이 필요했다. 1609년에 암스테르담 외환은행('비셀방크')이 설립되어, 외환 거래에 터무니없는 수수료를 부과하던 개인 외환업자들을 대체했다. 상인들은 계좌를 터서 예금을 하고, 돈을 이체할 수 있었으며, 그 돈을 지역의 통화와 교환할 수 있었다.
폴란드 곡물이나 브라질 설탕, 프랑스 와인 같은 상품들의 실제 거래는 인근의 창고에서 일어났지만, 금융 거래(네덜란드 동인도회사처럼 이익을 많이 내는 회사의 지분을 협상하거나, 투기하거나, 사들이는)는 증권거래소에서 이루어졌다. 암스테르담 부둣가의 우아한 건물 2층에 있는 상점에서는 사치품을 팔았고, 아래층에서는 전세계에서 온 상인들이 중앙 뜰의 돌기둥 주변에 모여서 거래를 했다.

암스테르담 증권거래소가 있는 '부어스(Bourse)'라는 건물의 아치 아래나 양지 바른 뜰에서는 이렇듯 여럿이 모여 부유한 투자자든 영세한 투자자든 누구나 주식을 사고팔고 투기할 수 있었다. 일부 투기꾼들은 내부 정보를 수집하거나 루머를 퍼뜨려 교환율에 영향을 주기 위해 스파이를 고용하기도 했다.

암스테르담의 지도층 인사들은 단체 초상화에 공식적으로 포즈를 취함으로써 자부심을 나타내곤 했다. 왼쪽의 초상화는 암스테르담의 통장이(coopers) 길드 간부들을 묘사한 그림이다. 공무원들에게 선임되는 길드 간부들은 도시 산업 관리기구 역할을 했다.

3 :: 금빛 습지, 암스테르담

17세기 네덜란드의 한 여성이 버지널(virginal)이라고 하는 작은 피아노 비슷한 악기를 연주하고 있다. 그 주위로는 금테를 두른 거울, 희고 검은 대리석 바닥, 동방의 카펫, 호화로운 침대 커튼과 같이 부(富)를 드러내는 장식물들이 보인다. 1600년대 네덜란드 연합주의 활발한 무역은 풍요와 미술과 과학의 발전을 가져다주었다. 그리고 이때는 암스테르담이 세계에서 가장 대단한 도시 중 하나가 된 시대였다.

 황혼녘과 동틀 녘 사이의 어느 때, 아주 깜깜한 한밤중에, 하늘에서 비친 눈부신 한 줄기 광선이 거친 돌무덤을 비추었다. 빛 가운데서 날개 달린 형상이 나타나더니 초자연적인 힘으로 아래로 내려가 무거운 덮개를 들어냈다. 근처를 지키던 로마 병사들은 겁에 질려 뒤로 나자빠졌고, 한 병사는 말을 듣지 않는 손으로 칼을 뽑아 휘둘렀다. 컴컴한 무덤 아래에서 수의를 입은 한 남자가 일어났다.

세무관리인 요한네스 브텐보가에르트는 1639년 1월 27일, 암스테르담의 한 작업실에서 무아지경에 빠져 그림을 감상하고 있었다. 그는 마치 1,600년 전에 그리스도의 부활을 직접 지켜보며 성묘(聖墓)에 있는 듯한 착각에 빠졌다. 하지만 반쯤 마른 캔버스와 송진에 적신 헝겊의 냄새가 그를 다시금 현실로 데려다주었다. 그때서야 그는 그림에서 눈을 떼고 화가를 바라보았다. 화가는 섬세한 그림과는 전혀 대조적인 모습이었다. 넓은 얼굴은 다소 거칠어 보였고 코는 주먹코였다. 짙고 헝클어진 머리숱 아래에는 꿰뚫는 듯 강렬한 눈빛이 빛나고 있었다. 어쨌든 중요한 것은 그의 외모가 아니라 그의 재능이었다. '연합주(스페인으로부터 독립을 쟁취한 네덜란드 7개 지방)'가 수많은 화가들의 고향이 되었지만, 그중에서 렘브란트 반 레인의 그림 같은 강렬한 작품을 그릴 수 있는 사람은 몇 되지 않았다.

렘브란트의 작품은 네덜란드 공화국에서 가장 중요한 가문들의 벽을 우아하게 장식해주었다. 그의 후견인들 중에는 실력자들(암스테르담의 상업 및 정치를 지배했던 부유한 상인 가문 사람들)을 비롯하여 헤이그(사실상의 네덜란드 정부 소재지)에 있는 오라녜 공과 그 부인을 섬기는 조신들이 있었다. 1625년부터 오라녜 공이자 5개 지방의 행정장관이 된 프레데리크 헨드리크는 렘브란트의 가장 큰 후견인이었다. 〈그리스도의 부활〉과 그 연작인 〈매장〉 같은 그림을 주문한 것도 그였다. 그리스도의 수난을 주제로 한 그림을 자랑스럽게도 이미 세 점이나 보유하고 있던 그는 연작을 완성시킬 두 작품을 애타게 기다리고 있었다. 렘브란트는 이 두 작품을 빨리 바치겠다고 약속을 했는데, 벌써 3년이 흘러버렸다.

이 화가는 15일 전, 공의 비서인 콘스탄틴 호이헨스에게 이렇듯 작업이 늦어진 이유를 적은 편지를 보냈다. "열심히 애쓴 끝에" 그림들이 완성되었다는 소식을 전하며 렘브란트는 이렇게 덧붙였다. "이 두 그림에는 가장 위대하고 가장 자연스러운 감정이 표현되어 있습니다. 그래서 이 그림들이 그토록 오래 걸린 것입니다." 하지만 사실은 이 화가가 다른 작업들 때문에 바빠서 시간이 없었기 때문이다. 그리고 최근에 새 집을 마련했기 때문에 공에게 약속한 그림을 서둘러서 마친 것이다.

렘브란트가 새로 사들인 집은 브레슈트라트(다른 화가나 출판업자들뿐만 아니라 커가고 있던 유대인 지역공동체가 살던 곳)에 있는 높고 근사한 건물이었으며, 가격은 건축물만큼이나 인상적이게도 1만 3,000길더나 되었다. 이 화가는 5월 1일에 먼저 1,200길더를, 1640년 같은 날 이전까지 2,050길더를, 그리고 나머지는 5~6년 동안 나누어 주기로 서명했다. 이자도 계산하기로 했다. 이 돈은 네덜란드의 보통 시민들이 새 집을 마련하는 데 드는 1,900길더에 비하면 엄청나게 큰 액수였다. 하지만 렘브란트는 틀림없이 자기 위상에 걸맞은 집을 구해야 한다고 생각했을 것이다.

　렘브란트는 필요한 자금을 구하기 위해 서둘러 〈그리스도의 부활〉과 〈매장〉을 완성했다. 돈을 모으겠다는 그의 열정이 어찌나 강했던지 그림이 완전히 마르기도 전에 배달을 하곤 했다. 사실 그는 브텐보가에르트가 찾아와서 문을 두드릴 때 작품을 한창 포장하고 있는 중이었다.

　이 화가는 작업실로 찾아오는 방문객들을 항상 반기는 것은 아니었다. 당대의 이탈리아 미술사가인 필리포 발디누치는 이렇게 회고했다. "렘브란트는 자신이 작업을 하는 중에는 이 세상 최고의 제왕이 온다 해도 구경할 기회를 주지 않았을 것이다. 그래서 그런 제왕이라도 그가 일을 하지 않을 때를 맞추느라 거푸 돌아갔다가 와야 했을 것이다." 하지만 브텐보가에르트는 친구를 위해 한 가지 관대한 제안을 들고 왔다. 이 세무관리는 렘브란트가 오라네 공 프레데리크 헨드리크의 승인이 떨어지자마자 돈을 받기를 원한다는 사실을 알고 있었다. 하지만 그는 암스테르담에 있는 공의 경리 담당인 폴베르겐이 자기 손을 거쳐 나가는 돈을 마치 자기 돈처럼 여긴다는 사실 또한 알고 있었다. 폴베르겐이 그 돈을 자기 마음대로 할 수 있다고 생각한다면 렘브란트는 몇 개월 혹은 몇 년까지도 그림값을 받지 못하고 기다려야 할 수도 있었다. 브텐보가에르트는 오라네 공만 괜찮다면 양측 모두의 편의를 위해서 암스테르담의 자기 사무실에서 그 돈을 지불하려 했다. 그런 다음에 공이 자신에게 대금을 지불하면 되는 일이었다.

　렘브란트는 브텐보가에르트에게 감사의 뜻을 표하고 곧 그를 배웅해주었다. 두 그림을 포장한 뒤 화가는 세무관리인의 제안에 대한 내용을 편지에 써 호이헨스에게 보냈다. "그래서 저는 각하께… 제가 이곳에서 돈을 최대한 빨리 받을 수 있도록 해주시기를 부탁드립니다." 추신에다 그는 이렇게 덧붙였다. "각하, 이 그림은 빛이 밝게 드는 곳에 걸어두어서 멀리서도 잘 보이게 하십시오. 그래야 제일 근사해 보일 겁니다."

지나치게 빡빡하게 잡힌 그의 주문 일정이 잘 보여주듯이, 렘브란트는 지난 7년 동안 암스테르담에서 엄청난 성공을 거두며 지내왔다. 그는 1631년 말, 고향인 레이덴에서 암스테르담으로 왔다. 그 역시 지난 수십 년간 공화국에서 가장 번성하고 힘 있는 도시로 몰려든 수많은 신출내기들 중 하나였다. 1600년에는 인구가 6만 명이었다가 1639년에는 13만 5,000명으로 늘어났다. 네 사람 중 하나는 외국인이었다.

늘어나는 인구를 수용하기 위해서는 습지에 옹기종기 모여 있는 섬들이나 다를 바 없었던 정착지를 확장해야 했다. 새 건물의 튼튼한 기초를 만들기 위해 기술자들은 바다에 있는 진흙 속에 배의 돛만큼 큰 나무 말뚝을 깊숙이 박았다. (1648년에 새 청사 하나의 토대를 다지기 위해서 말뚝 1만 3,659개가 주문되었다.) 학자이자 시인인 카스파르 발레우스는 이런 현상을 두고 다음과 같이 썼다. "내가 습지 한가운데 떠 있는 도시로 이사를 왔다는 것은 결코 사소한 일이 아니라고 생각한다. 이곳은 나무 말뚝의 숲이 그토록 많은 건물들을 떠받들고 있으며, 썩어가는 소나무들이 유럽에서 가장 번성하는 상업 중심지를 떠받치고 있다."

암스테르담의 대기는 톱밥과 망치 소리로 가득했다. 상업 엘리트들의 근사한 집이 늘어서 있는 새로운 반(半)순환 운하 세 개가 부채꼴의 대도시 사이를 관통했다. 새 부두가 점점 더 늘어나는 배들을 수용했고, 새 창고가 뱃짐을 보관했으며, 새 다리와 관문과 담장이 보행·바퀴·수상 교통의 흐름을 통제했다. 이 도시의 육지 쪽 접경에는 목수, 석공, 벽돌공이 몰려오면서 밭과 목초지를 잃어버렸다.

암스테르담으로 몰려온 온갖 계층의 사람들만큼이나 그들의 사정도 다양했다. 렘브란트 같은 화가가 이 도시로 온 것은 이곳이 사업·행정·교육의 중심지였을 뿐만 아니라 문화 및 예술이 꽃피는 곳이었기 때문이다. 1631년, 카스파르 발레우스는 암스테르담 대학의 전신인 '아테네움 일루스트레' 설립을 돕기 위해 레이덴에서 왔다. 직업이나 일거리 때문에 신생 네덜란드 공화국에 끌린 사람들도 있었다. 공화국의 두 대형 식민지 사업체에 지원하여 해외에서 한몫을 잡아볼 열망으로 온 사람들도 있었다. 많은 사람들이 콘스탄틴 호이헨스가 표현한 '금빛 습지'의 도시에서 성공을 거머쥐었으나, 이곳에서 허우적거리는 사람들도 있었다. 렘브란트는 그 둘을 모두 겪을 운명이었다. 그는 예술적 위대함을 성취했지만 자신의 재산을 몽땅 잃고 말았다.

1606년 7월 15일, 레이덴에서 태어난 렘브란트는 성공한 제분업자인 아버지와 제빵업자 집안 출신인 어머니와의 사이에서 태어난 아

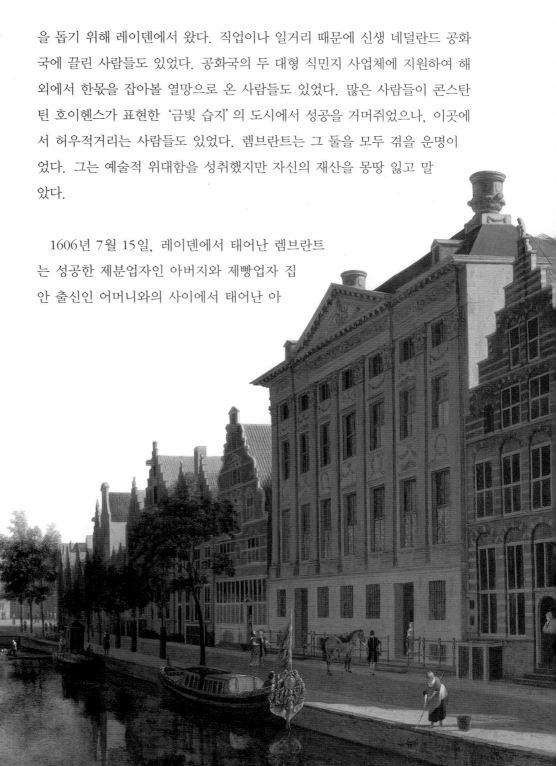

암스테르담의 여러 수로 중 하나인 '뱃사공 요새' 해자를 따라 부유층의 집들이 솟아 있다. 신고전주의 양식으로 꾸민 전면(오른쪽) 뒤에 있는 쌍둥이 저택은 렘브란트를 후원한 트립 가문의 형제들이 살았던 집이다. 박격포 모양의 굴뚝과 박공지붕에 있는 장식적인 대포는 트립 가문이 무기 무역업을 한다는 사실을 나타내주고 있다.

홉 자녀 중 밑에서 두 번째였다. 렘브란트의 아버지는 칼뱅주의자였고 어머니는 가톨릭 교도였으니, 이는 연합주의 종교적 관대함을 보여주는 사례라고 할 수 있었다.

렘브란트의 남다른 영리함을 간파한 부모는 일곱 살 난 아들을 레이덴의 라틴 어 학교에 보냈다. 후에 레이덴 대학에 들어가 학식 있는 직업을 갖기를 바라는 염원 때문이었다. 교과목에는 라틴 어, 고전, 칼뱅주의 종교학이 있었다. 14세 때 렘브란트는 부모의 바람대로 대학에 들어갔지만, 몇 달 다니지 못한 채 미술공부를 하기 위해 대학을 그만두었다.

레이덴의 한 화가 밑에서 3년 동안 도제 생활을 한 렘브란트는 암스테르담으로 가서 6개월 동안 공화국 최고의 화가인 피터 라스트만의 가르침을 받았다. 이탈리아에서 공부한 라스트만에게

서 렘브란트는 뛰어난 데생 기법, 그리고 그림 속에 빛과 그늘을 혼합하는 명암법(Chiaroscuro)을 배웠다. 명암법은 그의 스타일상의 중심 원리가 되었고, 그는 아무도 따라오지 못할 정도로 이 기법을 발전시켜 대단히 극적인 효과를 거두었다. 이 화가는 또 역사화, 특히 성경의 주제에 대한 관심도 상당히 발전시켰는데, 아마도 칼뱅주의 교육과 깊어간 영성의 결과였을 것이다.

레이덴으로 돌아온 렘브란트는 독립화가가 되어 회화와 에칭과 데생을 그렸다. 그는 곧 고향에서 이름을 날리게 되었고, 그의 작품은 많은 관심과 존경을 받아서 학생들이 그를 찾아오곤 했다.

이 제분업자의 아들이 고향에서 콘스탄틴 호이헨스를 만난 것은 1629년의

렘브란트가 1636년경에 그린 이 초상화에서 그의 아내 사스키아는 거친 남편의 무릎에 앉아 있다. 테이블 위에는 비둘기 파이가 그들을 기다리고 있다. 왼쪽 위의 벽에는 계산판이 걸려 있는데, 이는 손님이 술을 얼마나 주문했는지를 주인이 기록해두는 판이었다.

일이었다. 호이헨스는 이 지역의 다른 화가인 얀 리벤스에게도 그림을 주문했다. 렘브란트는 리벤스와도 긴밀하게 작업을 했기 때문에 호이헨스를 알게 됐던 것이다. 두 화가는 이따금 서로의 그림을 손질해주곤 하는 사이였다. 호이헨스는 두 화가의 작품에 탄복했고, 그들에게 이탈리아로 가서 더 공부할 것을 제안했다. 두 사람은 시간이 없을 뿐더러, 이탈리아 그림은 네덜란드에서도 볼 수 있다고 대답했다. 하지만 렘브란트가 호이헨스를 만나게 된 것은 렘브란트에게는 커다란 행운이었다. 이 화가가 맨 처음 오라녜 공의 주문을 받게 된 것은 바로 호이헨스를 통해서였기 때문이다.

"너는 발가벗은 몸이니 천국을 떠나야 한다!"

1631년, 렘브란트는 레이덴이 자신의 화가 생활에 도움을 주지 못할 것이라고 판단하고 암스테르담으로 떠났다. 그가 처음 묵은 곳은 레이덴에서 만난 적이 있던 화상(畵商) 헨드리크 오일렌부르그의 집이었다. 그 집으로 온 지 얼마 되지 않아서 렘브란트는 헨드리크의 예쁜 사촌 사스키아를 소개받았다. 그녀는 프리슬란트 지방의 유명 정치인의 딸로서, 양친을 잃은 처지였다.

그들은 1633년 6월에 약혼을 했다. 렘브란트는 27세, 사스키아는 채 21세가 되지 않았다. 약혼한 지 사흘 뒤 그는 값비싼 백색 피지에 장차 신부가 될 그녀의 초상을 그렸다. 그녀는 꽃으로 테두리를 두른 챙 넓은 밀짚모자를 쓰고 손에는 꽃을 들었다. 사스키아의 생기 있는 눈빛이 그림에서 너무나 생생하게 포착되어 있는 것으로 봐서, 이 그림은 신랑이 가진 물질적·사회적 혜택뿐만 아니라, 두 사람의 애정표현을 보여주는 그림이 분명했다.

렘브란트는 이미 자기 직업에서의 거장 자리를 굳혔다. 그는 고향인 레이덴과 헤이그에 있는 수집가에게 역사 및 성경 그림, 신화 및 장르 회화, 기타 작품들을 팔았다. 암스테르담에서 그는 가장 성공한 초상화가로서 재빨리 자리를 잡았다. 그는 이 지역 고관들에게 최고의 값을 부를 수 있었다. 하지만 그는 여전히 미천한 제분업자의 아들이기도 했다. 대신 사스키아와의 결합으로 그는 사회적 신분을 몇 계단 뛰어오를 수 있었다. 그녀의 집안에는 법률가, 교수, 시 서기, 군 장교 등이 있었으며, 그녀의 친구들은 부유한 시민계층 출신이어서 렘브란트의 작품을 사줄 수 있었다.

1634년 6월 22일, 렘브란트와 사스키아는 그녀의 자매 중 한 명이 살고 있던 프리슬란트의 교회에서 결혼식을 올렸다. 대부분의 네덜란드 결혼식은 목사가 있는 개혁교회 아니면 지역 행정장관이 주재하는 청사에서 이루어졌다.

사스키아는 남편에게 잠재적인 후견인들을 만나게 해주었을 뿐만 아니라, 결혼하면서 적지 않은 돈을 가지고 왔다. 이 부부에게는 그런 돈이 필요했다. 사스키아도, 렘브란트도 검소하지 않은데다가, 이곳 시내 상점들을 가득 메운 온갖 이국적인 물건들이 그들에게 너무나 큰 유혹이었기 때문이다. 부부의 무절제한 소비 습관 때문에 결국 사스키아의 친척들은 그녀의 유산을 '허례허식 때문에' 탕진해버린다며 부부를 비난했다. 렘브란트는 돈을 관리하는 것에는 전혀 관심을 두지 않은 채 오로지 자기 일에만 몰두했다. 1630년대 말이 되자 일은 그 어느 때보다 잘 돌아가는 것 같았다. 그는 자신의 상품에 대한 수요가 끊이지 않고 있는 성공한 사업가였다.

네덜란드 회화 아카데미의 학동들이 인체 데생 연습을 하고 있다 (위). 이들은 도제 시절 초기에는 안료를 갈고, 물감을 섞고, 캔버스를 틀에 펴서 묶고, 동판화나 에칭에 필요한 동판을 준비하곤 했을 것이다. 오른쪽에는 그림을 사기 위해 사람들이 한 미술가의 작업실에 들러서 완성된 작품과 작업 중인 작품을 보고 있다.

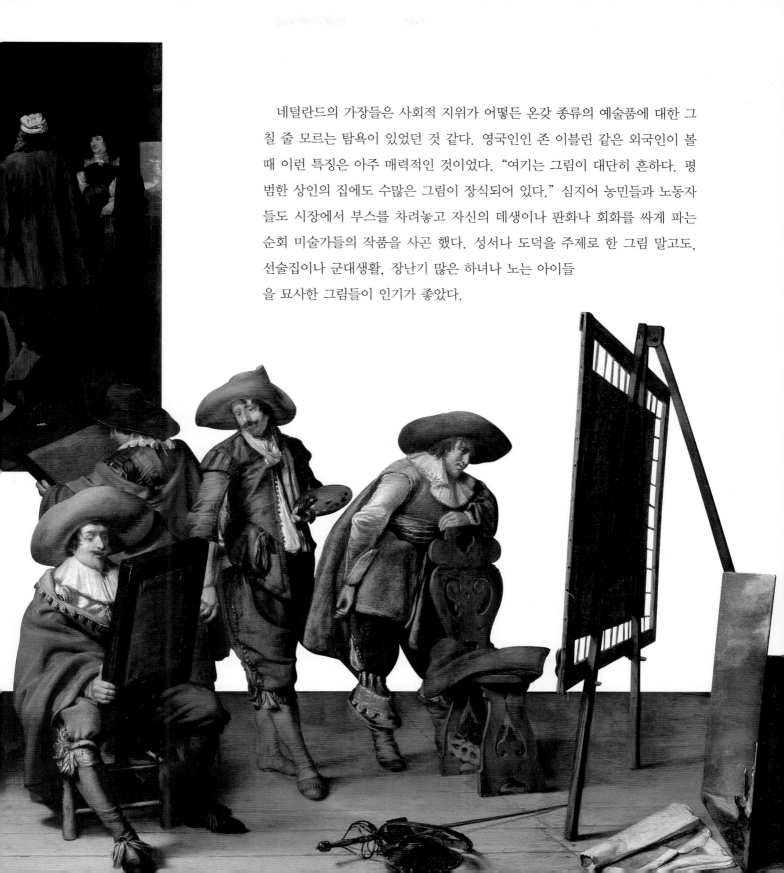

네덜란드의 가장들은 사회적 지위가 어떻든 온갖 종류의 예술품에 대한 그칠 줄 모르는 탐욕이 있었던 것 같다. 영국인인 존 이블린 같은 외국인이 볼 때 이런 특징은 아주 매력적인 것이었다. "여기는 그림이 대단히 흔하다. 평범한 상인의 집에도 수많은 그림이 장식되어 있다." 심지어 농민들과 노동자들도 시장에서 부스를 차려놓고 자신의 데생이나 판화나 회화를 싸게 파는 순회 미술가들의 작품을 사곤 했다. 성서나 도덕을 주제로 한 그림 말고도, 선술집이나 군대생활, 장난기 많은 하녀나 노는 아이들을 묘사한 그림들이 인기가 좋았다.

부유한 시민들은 벽에 빈 자리만 있으면 시원한 풍경화나 우아하게 짜여진 정물화, 편안한 인테리어로 채우려고 애를 썼다. 예술품을 구입하는 것은 좋은 가구를 사들이는 것과 마찬가지로 용인될 만한 독특한 소비형태의 하나로 인식되었다. 집 안을 아름답게 꾸미는 것보다 더 나은 미덕이 또 어디 있겠는가? 가장 근사한 작품을 찾아내기 위해 그들은 화가에게서 직접 사들이거나, 화상을 후원하거나, 경매에 입찰을 했다.

프레데리크 헨드리크 공과 같이 가장 부유한 네덜란드 인들은 자신들이 원하는 주제에 맞는 작품을 주문했다. 그들은 자기의 개인 초상화를 그리게 하거나, 다양한 시정 기관의 동료들과 함께 자랑스럽게 단체 초상화 앞에서 포즈를 취하기도 했다. 렘브란트는 섬유 제조업자 길드를 비롯하여 프란스 반닝 코크 대장의 민방위대 같은 단체의 간부들에게 단체 초상화를 그려주었다. 후자는 후세에 〈야경(The Night Watch)〉이라는 제목으로 알려지게 되었다. 하지만 그가 가장 자주 그린 것은 이젤 옆에 조심스럽게 거울을 대놓고 비춰본 자기 자신이었다. 처음에는 자기 얼굴의 다양한 표정을 포착하는 연습에서 시작했는지 모르지만, 결국 그의 자화상들은 젊은 시절에서부터 늙은 시절에 이르는 자신의 인생 여정을 기록하는 수단이 되었다. 그는 이런 자화상을 약 90점이나 그렸는데, 이는 다른 어느 화가보다도 많은 수였다.

렘브란트와 사스키아가 1639년 5월 1일에 이사를 간 브레슈트라트의 비싼 새 집은 그에게 마음놓고 작업할 수 있는 많은 방과 훌륭한 여건을 만들어주었다. 그의 작업실은 집의 한 층을 다 차지하는 크고 널찍한 곳이었다. 벽이 하얀 이 방은 북향인 높다란 창 네 개가 있었는데, 안과 밖에 차양이 있어서 필요에 따라 빛의 양과 각도를 세밀하게 조절할 수 있었다.

렘브란트는 또 부수입삼아서 경매에 참가하여 남의 작품들을 사들인 뒤 되팔기도 했다. 1638년, 그는 성모 마리아의 생애를 다룬 알브레흐트 뒤러의 목판화 여덟 세트에 투자했다. 그는 자기도 한 세트를 보유할 생각이었지만, 모두 꽤 비싼 값에 화상이나 다른 고객의 손에 넘어갔다.

레이덴에 있을 때와 마찬가지로 렘브란트는 그림을 가르쳐서 돈을 벌기도 했다. 어린 기대주들(그리고 거장을 발견했다고 생각한 경험 있고 나이 든 화가들)은 그에게 1년에 수업료를 100길더씩 냈다. 그는 그들과 함께 그림을 그리거나, 그들이 작업을 할 때 돌아다니며 지도를 해주었다. 그러면서 초심자의 서투른 손놀림을 고쳐주거나, 기술적인 문제에 대한 해법을 알려주거나, 평범한 노력이 표구할 가치가 있는 작품으로 바뀔 수 있도록 약간의 손질을 제안해주곤 했다. 그는 또 드물기는 했지만 자기 문하생들에게 살아 있는 모델을 그릴 기회를 주기도 했다.

렘브란트는 많은 학생들을 수용하기 위해 빌린 창고에다 종이나 캔버스로 벽을 두른 작은 칸막이 방을 만들어서 학생들이 집중해서 작업을 할 수 있도록 해주었다. 하지만 어느 무더운 여름날 오후 작업실에 온 그는, 제자들이 두 칸막이 사이로 난 틈으로 키들키들 웃으며 무언가를 훔쳐보는 모습을 보고서 이렇게 배려해준 것을 후회했는지도 모른다. 누드 모델을 데려다놓고 그림을 그리던 중에 한 젊은 장난꾸러기가 자기 옷을 벗어버리더니 그녀와 어울리겠다는 시늉을 한 것이다.

스승이 갑자기 나타나자 놀란 학생은 갑자기 말을 잃었다. 침묵의 순간을 깨고 그 젊은이가 외쳤다. "이제 우리는 천국의 아담과 이브처럼 발가벗었다!"

렘브란트는 막대기로 벽을 탕 치면서 이렇게 소리를 질렀다. "너는 발가벗은 몸이니 천국을 떠나야 한다!" 그러고는 안으로 들어가서 발가벗은 두 사람을 작업실 밖으로 쫓아냈다. 렘브란트가 그들을 가파른 계단 아래로 밀치며 길가로 내쫓는 동안 두 사람은 옷을 입으려고 엎어지고 정신없이 허둥댔다.

이 불쾌한 작은 소동 뒤에 평정을 되찾기 위해서, 렘브란트는 스케치북과

펜과 잉크를 챙겨들고서 산책을 떠났는지도 모른다. 그는 시내를 걸어다닐 때에도 작업을 멈추는 법이 없었다. 여러 해 동안 이 화가는 언제나 스케치북을 들고 다니며 도시생활의 생생한 현장을 그렸고, 현장을 재빠르게 포착했으며, 후에 그 모습을 여유 있게 에칭으로 변모시켰다. 그런 식으로 순회 서커스의 코끼리, 고기를 발라내는 두 푸주한, 버터 향기와 싱싱하고 지글지글한 음식으로 손님들을 유혹하는 팬케이크 장수 같은 모습을 묘사했다.

다른 세계를 추구하던 렘브란트는 시골 풍경에 몰두하기도 했다. 그는 시골에서도 풍부한 소재를 찾을 수 있었다. 노 젓는 배를 탄 남자, 지붕 덮개 사이로 자란 풀이 뒤덮고 있는 다 쓰러져가는 오두막, 경계석, 풍차, 옛 요새의 근사한 유적 같은 것들이 그의 눈에 포착됐다.

그는 종종 시골에 사는 친구 얀 식스를 찾아가곤 했다. 그는 디메르디크 수로에 살고 있었다. 식스의 집에서 렘브란트는 집주인이 창가에서 글 쓰는 모습을 그렸고, 가까이 보이던 다리를 에

| 최초의 미술관 : 수집가의 수집방 |

17세기 네덜란드의 어느 부잣집에 온 손님들은 대개 집주인의 수집방으로 안내되어, 오른쪽에 보이는 것과 같이 세계 여러 나라에서 수집한 그림 및 공예품을 구경했다. 상인이나 잘 나가는 조신들이 모아놓은 전형적인 수집품은 방 하나를 가득 메우곤 했다. 부유한 수집가들은 넓은 집의 방 여러 개를 수집품으로 가득 채우기도 했다.

수집품은 세계의 신기한 것들에 대한 네덜란드 인들의 관심을 반영하여, 자연의 경이에서부터 이국적인 물건에 이르기까지 다양했다. 중산층이면 일본의 칠기나 코끼리 꼬리, 담배 파이프, 주화, 금빛 날개 달린 곤충 같은 것을 소유할 수 있었다. 빈 벽이 있으면 구석구석 루벤스, 렘브란트, 얀 베르메르, 반다이크 같은 네덜란드나 플랑드르의 당대 작가들의 그림으로 치장했다. 어떤 땐 같은 그림의 원본이 복사본 옆에 나란히 걸려 있기도 했다.

해부학자인 프레데리크 로이슈는 암스테르담에 있는 자기 집의 방 다섯 개를 희귀 골격이나 인간의 장기 같은 것들로 가득 채웠다. 그는 그런 수집품들을 판화로 남겨서 후대의 학자들이 연구할 수 있도록 했다. 또 한 명의 네덜란드 수집가는 자신의 수집품들에 대해 이렇게 겸손하게 말했다. "나는 여러분에게 하느님의 영과 은총에 의해… 그분께서 인류에게 주신 '하느님의 전능하신 손가락'을 선보인다. …그리하여 사람들은 이렇게 수준 높고 숨은 경이를 살펴볼 수 있으며, 다른 이들을 위해 같은 것을 전시할 수도 있다."

수집가들은 기발한 물건을 만들기 위해 자연의 일부를 이용한 작품을 즐겼다. 이 25cm 길이의 금박을 한 달팽이의 몸체는 앵무조개 껍질을 이용했다(위). 다른 작가는 실제 타조 알 주변에 환상적인 타조 모양을 붙여서 48cm 높이의 금박 물주전자를 만들었다(왼쪽).

상아와 거북 등껍질을 입힌 97cm 길이의 이 기타처럼 정교한 장식이 들어간 악기는 수집가들과 연주자들 사이에 인기가 좋았다.

1650년대에 최초로 중국까지 가
서 황제를 만나본 네덜란드 여행
자들은 놀라운 여행담을 가지고
돌아왔다. 그리하여 그들은 옥과
자기, 그리고 왼쪽의 용이 새겨진
명나라 칠기 같은 물건에 대한
열렬한 관심을 불러일으켰다.

실용성과 아름다움을 함께 고려
하여 디자인한 이 61cm 높이의
복합 현미경은 고급 피지를 입히
고 금박을 찍은 것이다. 과학적
이고도 인문적인 연구는, 현미경
유리 밑에 있는 지극히 작은 세
상을 관찰하기를 즐긴 수집가들
을 매료시켰다.

로마 제국에 매료된 네덜란드 인들
은 율리아누스 황제 같아 보이는
인물이 찍힌 이 주화 같은 물건들
을 열심히 모아들였다.

칭으로 표현했다. 이 부식 동판화는 높다란 모자를 쓴 두 남자가 평화롭게 다리 난간에 기대어 강물에 떠가는 배들을 물끄러미 바라보는 모습을 묘사한 것이다.

이러한 산책은 그에게 영감을 줄 뿐만 아니라, 가정적인 불행을 잠시 잊게 해주기도 했다. 결혼한 지 불과 8년밖에 안 된 1642년 6월에 아내 사스키아는 렘브란트에게 9개월 된 아들 티투스를 남겨두고 세상을 떠났다. 아내가 죽은 뒤 어느 순간부터, 렘브란트는 엄마 잃은 아기의 유모와 동거를 시작했다. 게르트게 디릭스는 북부지방 출신의 키가 작고 땅딸막한 시골 여성이었다. 그녀는 호른 시에서 트럼펫 주자를 하던 남편이 죽자 렘브란트의 집에서 일을 하게 되었다. 렘브란트는 그녀에게 죽은 아내의 보석을 주었는데, 그중에는 다이아몬드가 박힌 비싼 반지 세트도 있었다. 사스키아의 친척들은 이 소식을 듣고는 경악했다. 그들은 디릭스가 1648년, 심하게 병을 앓으면서 그 보석을 사스키아의 어린 아들에게 물려주겠다는 유언장을 쓴 후에야 비로소 안심을 했는지도 모른다.

화가와 유모의 관계는 추한 결말을 맺게 되었다. 1649년에는 브레슈트라트에 집이 있는 헨드리키에 스토펠스라는 여성이 나타났다. 디릭스는 자신이 떠나주는 대가로 금전적인 보상을 요구했다. 협상이 결렬되자 그녀는 소송을 제기했다. 그녀는 반지가 약혼의 서약이 아니라면 대체 무엇이냐고 주장했

렘브란트가 그린 이 명랑한 에칭 작품들에는 암스테르담 길거리의 친숙한 두 인물이 나온다. 왼쪽에는 팬케이크 장수가 애타게 기다리는 손님들에게 줄 케이크가 가득 담긴 프라이팬을 요리하고 있는데, 이미 자기 몫을 받은 어린 소녀는 개에게 빼앗기지 않으려고 애를 쓰고 있다. 아래에는 쥐가 매달려 있는 장대를 들고 있는 쥐잡이꾼이 손님에게 쥐약을 주고 있다. 그의 도제가 들고 있는 상자 안에는 쥐약이나 쥐 잡는 흰 족제비가 더 들어 있을지도 모른다.

다. 그해 9월 25일에 렘브란트는 가사(家事) 및 손해배상 판무관들이 주재하는 청문회에 소환되었다. 그는 무관심한 듯 출석을 거부하고서 자기 대신 스토펠스를 보내 조서를 제출하도록 했다.

이 무렵 렘브란트는 자기 나름의 불평거리 때문에 애를 먹고 있었다. 브레슈트라트의 집을 잃은 디르크스는 비싼 방세를 치를 돈이 없자 사스키아의 보석을 조금씩 전당포에 맡기기 시작했다. 법원에서 화가에게 생활비를 지급하라고 명령했지만(남은 평생 동안 해마다 200길더씩) 디르크스는 계속해서 전당포를 드나들었다.

두 사람의 다툼은 1650년이 되어서야 끝이 났다. 렘브란트는 디르크스의 돈을 가로챌 궁리를 하던 오빠 및 사촌과 모의를 한 것 같다. 그녀를 구제 불가능할 정도로 부도덕한 여자로 낙인찍어버리는 비방 운동을 포함한 그들의 음모로 그녀는 결국 호우다에 있는 교도소에 갇혔다. 렘브란트는 이런 절차에 든 돈 140길더를 모두 자신이 부담했으며, 관리들에게 압력을 행사하여 그녀에게 장장 12년 구금형을 언도하게 했다.

이듬해 디르크스의 처지를 알게 된 그녀의 친구들과 친척들이 그녀를 돕기 위해 나섰다. 1655년 5월, 그들 중 하나가 브레슈트라트로 찾아와 디르크스를 석방하기 위해 호우다로 가는 길이라고 말했다. 렘브란트는 화가 나서 삿대질을 해가며 침이 튀도록 경고의 말을 내뱉었다. "당신, 거기에 가면 후회할 줄 아시오!" 하지만 그의 위협은 부질없는 것이었다. 디릭스는 5년간 수감된 뒤 풀려났다. 그녀는 고향인 바털란트 지방으로 돌아가서 자신과 옛 애인 사이에 최대한의 거리를 두었다. 디릭스가 사라지자 렘브란트는 헨드리키에 스토펠스와 사실상의 결혼 관계에 들어갔다.

연인이자 화가의 입장에서, 그는 스토펠스의 평온한 얼굴과 관능적인 몸매가 대단하다는 것을 깨달았다. 렘브란트는 그녀를 그리고 또 그렸다. 의자에 앉아 조는 모습, 창가에 서 있는 모습, 목욕하러 강에 들어갈 때 드레스를 허벅지 위로 드는 모습 같은 것을 화폭에 담았다. 그는 그녀에게 화관을 씌우고는, 사스키아에게 했듯이 그녀를 플로라 여신의 화신으로 변모시켰다. 1654년에 그녀는 그의 그림 〈다윗 왕의 편지를 받아든 밧세바〉를 위해 누드 포즈를 취했다.

이렇게 스토펠스의 매력을 공적으로 알린 것이 그녀를 괴롭힌 말썽들의 원

인이 되었는지도 모른다. 화가의 모델로 일한 여성들 중 상당수는 창녀였다. 암스테르담의 사창가에서는 고급 매춘부들의 누드화를 걸어놓고 손님들이 고를 수 있게 했다. 대부분의 사람들은 존경받을 만한 네덜란드 여성이라면 옷을 걸치지 않고 자기 모습을 그리게 하지는 않을 것이라고 생각했다. 스토펠스와 렘브란트가 결혼 없이 지극한 행복을 누린 지가 5년이 되었지만, 개혁교회의 원로들은 "그녀가 화가 렘브란트에게 매춘 행위를 했다"는 혐의로 평의회에 출두하라는 명령을 내렸다.

이런 식의 소환은 꽤나 일상적인 것이었다. 간음 사건은 보고되지 않는 경우가 더 많았지만, 일단 관리들이 주목을 하게 되면 관련자들을 확실하게 추적했다. 그들의 목적은 불법적인 관계를 깨고 범법자들을 뉘우치게 하거나 교정시키는 것이었다.

스토펠스는 평의회의 소환을 세 번 거부하다가 결국 6월 23일에 출두하여

바다의 후미인 암스테르담의 아이(IJ)에서, 사람들이 얼음 위에서 일을 하거나 놀이를 즐기고 있다. 외출용 의상을 차려입은 사람들도 있고, 여러 겹의 모직 옷 위에 실내용 의상을 걸친 사람들도 있다. 왼쪽 끝에는 한 사람이 얼음을 뚫은 구멍에서 고기잡이 그물을 끌어올리고 있다. 그 근처에는 누군가가 텐트를 쳐놓고 술 같은 것을 팔고 있다. 오른쪽 앞에는 두 남자가 '콜프(kolf)'라는 네덜란드 게임을 하고 있다. 말이 끄는 안락의자 달린 썰매는 스케이트를 타기에 너무 어리거나 늙은 사람들을 태워주고 있다.

화가와의 관계를 인정했다. 그녀는 당시 임신 6개월의 상황이었으니 부인하기는 더 힘들었을 것이다. 평의원들은 그녀에게 죄를 뉘우칠 것을 명령했고, 성찬식에 참가할 권리를 박탈했다. 많은 신도들에게 그런 형벌은 끔찍한 것이었다. 이는 개인의 평판에 손상을 입을 뿐만 아니라 영혼까지 위험에 빠지는 것이기 때문이다.

체면과 성찬식 참석권은 몇 년 동안 지역 목사의 눈에 회개하는 자세와 결백한 생활을 하고 있는 것으로 보이면 회복할 수 있었는데, 스토펠스로서는 이런 과정에 관심이 없었다. 그녀는 교회와의 관계가 끊어진다 하더라도(영영 그렇게 된다는 뜻이었다) 렘브란트를 단념할 수 없었다. 3개월 뒤에 그녀는 딸을 낳았고, 화가의 어머니 이름을 따서 아기의 이름을 코르넬리아로 지었다.

딸까지 낳았지만 렘브란트는 헨드리키에 스토펠스와 결혼하지 않았다. 그럴 수밖에 없었던 것은, 만일 다시 결혼을 하고 렘브란트와 사스키아 사이에 난 아들 티투스가 죽게 되면, 사스키아의 돈을 반 오일렌부르그 가문에 돌려줘야 할지도 모를 그녀의 유언 조항 때문이었을 것이다. 방해물은 이것만이 아니었다. 스토펠스는 군대 하사관의

튤립 광증

어리석은 투자를 한 것은 렘브란트만이 아니었다. 1630 년대 중반에 도박과 튤립에 대한 네덜란드 사람들의 열정이 집중되었고, 튤립 알뿌리에 대한 투기로 가격이 폭등하면서 왼쪽에 있는 뛰어난 정물화 그림이 실제 꽃보다 훨씬 쌌다. 이러한 '튤립 광증'은 이 꽃이 터키에서 네덜란드로 전래된 지 불과 수십 년 만에 일어난 일이다. 처음에는 귀족들과 식물학자들만이 가지고 있던 튤립은, 종묘장 주인들이 삽화가 들어간 카탈로그를 발간하고 튤립 알뿌리를 팔기 위해 마을이나 시장에 영업자들을 보내기 시작하면서 급속도로 퍼지게 되었다.

새로운 변종들이 개발되면서 수집가들은 더욱 입맛을 다시게 되었다. 가장 인기가 좋은 품종은 흰 바탕에 빨강이나 자주색의 불꽃 또는 깃털 무늬가 있는 것이었다 (당시에는 알려지지 않았지만, 사실 이것은 바이러스 때문에 나타나는 현상이었다). 1636년, 인기 좋은 변종 한 뿌리에 도시의 집 한 채 값에 해당하는 돈을 지불하겠다는 광적인 사람들이 생겨나자 수많은 투기꾼들이 시장에 뛰어들기 시작했다. 씨를 뿌리는 10월부터 옮겨심기를 하기 위해 알뿌리를 뽑는 6월 사이 동안, 알뿌리 하나의 소유권은 이곳에서 저곳으로 몇 번이나 바뀌었으며, 광기가 절정에 달했을 때에는 가격이 매 시간대별로 치솟기까지 했다. 그 덧없는 속성 때문에 '바람 장사'로 알려졌던 이 튤립 선물시장은 정부가 개입하면서 1637년 2월에 붕괴했다.

딸이었으니, 그녀의 출생은 디르스만큼 낮은 것이었다. 화가는 평생 손에 밀가루를 묻히고 산 제분업자의 아들로 태어나 자랐으나, 이제는 스스로를 높은 신분으로 여기고 있었던 것이다. 자신이 아무리 사랑한다 하더라도 스토펠스 같은 아내는 어렵사리 얻은 자신의 신분을 위험에 빠뜨리게 할지도 모르는 일이었다.

하지만 렘브란트는 곧 자신이 그렇게 공들여서 만든 에덴에서 쫓겨나는 신세가 되었다. 좋은 가문의 여성과 결혼했고, 근사한 저택을 샀고, 당대 최고의 값비싼 물건들로 자신의 집을 채웠지만, 그는 진정한 네덜란드 중산층이라면 절대 용납할 수 없는 치명적인 실수를 저질렀다. 바로 경제 문제를 너무 서투르게 다루었던 것이다. 그는 계속해서 어리석은 투자를 했고, 자기 능력 이상의 생활을 했으며, 부질없이 집 저당을 모두 청산하려다 점점 더 악성 채무에 빨려들어갔다.

1656년, 렘브란트는 패배를 인정하고 파산 선고를 했다. 그의 재산은 목록에 오른 뒤 채권자들에게 모두 처분되었다. 골동품, 가구, 동양 미술품, 자기 입상(立像), 그리고 아직도 그의 수중에 남아 있던 70여 점의 유화와 수백 점 데생과 에칭도 모두 빼앗기게 되었다. 결국엔 브레슈트라트의 그의 집도 처분되었다.

렘브란트가 속한 화가 길드의 규칙에 따라 그의 모든 상행위는 이제 다른 사람들의 중개를 받아야만 이루어질 수 있었다. 그래서 스토펠스와 티투스(이 무렵 십대 후반이었다)가 나서서 화상 일을 하기로 했다. 렘브란트는 두 사람의 피고

용인이 되어 작품 구매에 조언을 하거나 내다팔 그림을 그려주었다. 이러한 역경에도 불구하고 렘브란트의 창작의 샘은 마르지 않았다. 그는 부유한 중산층의 지위에서 추락하면서부터 1669년 죽음을 맞이할 때까지, 자신의 가장 훌륭한 작품들 중 일부를 이 시기에 탄생시켰다.

1663년, 39세가 된 스토펠스는 오랫동안 폐병을 앓다가 숨졌다. 그녀가 죽자 티투스가 화랑의 경영권을 이어받았으나, 22세에 불과했던 그는 아직 미성년이었다(네덜란드 공화국에서 25세 이하의 남녀는 미성년으로 간주되었다). 2년 뒤 렘브란트는 네덜란드 국회에 청원을 내, 아들이 사업을 제대로 할 수 있도록 성인으로서의 법적 지위를 허락해달라고 요청했다.

렘브란트의 아들은 1668년에 결혼했으나, 병으로 쓰러진 뒤 7개월 만에 숨지고 말았다. 렘브란트도 이듬해에 세상을 떠났다. 그의 마지막 작품들 중에 가장 뛰어난 것은 그의 자화상이었는데, 세월의 무게에 주름진 얼굴이지만, 호기심으로 세상을 바라보는 짙은 눈빛이 인상적인 그림이었다.

렘브란트가 암스테르담으로 이주한 지 3년 반이 지난 1635년의 어느 여름날, 한 젊은이가 새로운 삶을 찾아 이 항구도시로 여행을 왔다. 22세의 독일인인 슈테판 카를 베하임의 여행 목적은 네덜란드의 동인도회사나 서인도회사의 선원으로 들어가는 것이었다. 두 회사는 서유럽 전역의 수많은 모험가들을 끌어들이고 있었다. 부와 영예를 누리기 위해 들어오는 사람도 있었고, 빚쟁이나 교수대를 피해서 온 사람들도 있었다. 동인도회사의 승무원이 되려면 최소 7년, 서인도회사는 4년을 근무한다는 계약을 해야 했다.

독일의 고향에 있는 베하임의 친척들은 그를 떠나보내면서 매우 흐뭇해했다. 그의 이복형인 루카스 프리드리히는 일가 사람에게 보낸 편지에서 이렇게 썼다. "이 희망 없는 놈팽이는 술집과 어두운 뒷골목을 전전했고, 도박을 일삼았고, 술독에 빠졌고, 말썽을 일으키던 녀석이었습니다. 우리가 좋은 데 쓰라고 맡겨둔 돈을, 이 녀석은 악의적으로 다른 데다 써버렸습니다." 군대에서 연락병으로 잠시 일하던 베하임은 불명예스럽게 제대를 해야 했다. 그는 명령에 불복종한 채 위험한 곳을 혼자서 말을 타고 가다가 노상강도들에게 말과 우편물을 몽땅 빼앗기고 말았던 것이다. 베하임은 부대에 복귀하자마자 영창으로 끌려가 몇 달을 처박혀 있어야 했다.

기회란 기회는 다 망쳐버리고 거짓말과 속임수를 주저하지 않았던 동생을 어찌해야 좋을지 걱정하던 이복형은 암스테르담에 있던 집안의 친구 아브라함 데브라에게 편지를 보내, 베하임이 일할 만한 무역회사의 자리 하나를 봐 달라고 부탁했다. 데브라는 프리드리히에게 동인도, 서인도, 브라질로 떠나는 배들이 1년에 몇 번밖에 없다면서, 그래도 베하임이 지원을 하겠다면 자신이 도와주겠다고 알려왔다. "이번엔 기꺼이 그 친구를 도와주겠네. …그리고 어떻게 하면 씀씀이를 최소한으로 줄일 수 있는지에 대해서도 조언해주겠네." 그런데 불행히도 슈테판 베하임에게 있어 가장 관심 밖에 있는 일이 바로 씀씀이를 아끼는 것이었다.

이 항구도시에 온 뒤 화가 난 베하임은 1635년 8월 21일, 집에다 이러한 편지를 써서 보냈다. "저는 여태껏 제 자신한테 조금의 주저나 비애나 불편 없이 돈을 빌려왔어요." 이 젊은이는 오랫동안 앓아온 어머니에게 "내 인생의 짐이 될 생각은 절대 두 번 다시 하지 마라"고 독하게 퍼부었다. 그리고는 으레 하는 소리를 끄집어냈다. "값싼 물건에 투자할 돈이 20달러만 있으면 좋을 텐데. 이 물건을 서인도로 가져가서 팔면 돈을 꽤 벌 거예요."

하지만 베하임의 돈(아니면 그의 가족의 돈)은 그렇게 실용적인 용도에 쓰이지 않았다. 독일에서와 마찬가지로, 그가 주변에 널려 있는 향락의 유혹을 뿌리치기란 불가능한 일이었다. 훌륭한 중산층과 상인들의 도시인 암스테르담은 베하임 같은 성격의 젊은이들이 좋아할 만한 유흥거리도 수없이 제공해주었던 것이다.

술집은 군 장교들과 중산층들이 모젤 포도주를 크리스털 잔에 따라 건배를 하던 호화로운 여관에서부터, 맥주와 싸구려 담배 냄새가 가득한 서민들의 선술집에 이르기까지 다양했다. 베하임은 집에 보낸 편지에다 자신의 생활을 고쳐나가겠다는 말을 쓰긴 했지만, 그가 가장 좋아하는 소일거리인 카드 게임이나 주사위를 흔드는 곳을 애써 피해 다닐 수는 없었다. 회사에서 주는 봉급으로 생활비는 당연히 해결할 수 있다고 하면서도 그는 이렇게 당당히 말했다. "그렇다고 도박 때문에 잃는 돈까지 해결해줄 정도는 아니지요."

베하임도 그랬지만, 술과 여자와 노래를 사랑하는 사람들이 가장 즐겨 찾

술집에서 흥청거리는 사람들이 백파이프 연주자와 그녀의 동료 연주자의 음악에 맞추어 춤을 추고 있다. 17세기 초에 암스테르담에는 주민 200명당 하나 꼴의 술집이 있었다. 하층민 여성들과 아이들까지 포함하여 전 계층의 네덜란드 사람들이 이런 술집의 번성을 열심히 도와주었다.

는 곳은 '무지코(musico)'라는 술집이었다. 작은 오케스트라(흔히 수준이 엉망인)와, 손님들이 청하기만 하면 언제든 함께 춤을 춰주는 한 무리의 직업여성들을 갖춘 곳이었다. 해당 지역의 매춘부들은 무지코를 활동기지로 이용했다. 당국에서는 이런 술집에 대해 조심하기만 하면 단속을 눈감아주었다.

시끌벅적하고 음란한 행위가 길거리에까지 미치면 당국도 엄하게 단속을 했다. 술에 취하거나, 매춘을 하거나, 매음굴을 운영하거나, 도둑질을 하다가 처벌받는 여성들은 대개 시에서 운영하는 방적공장에서 형량을 채워야 했다. 이런 시설의 재소자들은 고아들을 위해 방적, 뜨개질, 바느질을 해야 했고, 이때 간수들은 그들에게 경건한 책을 읽어주곤 했다.

구금은 완전 고립을 뜻하지는 않았다. 사람들은 이곳으로 와서 이 여성들이 일하는 모습을 구경할 수도 있었다. 이 방적공장은 17세기에 암스테르담을 찾은 관광객들의 주요 관광명소가 되었다. 영국, 독일, 이탈리아에서 온 방문객들은 이 '구제불능의 음란한 여성들'이 부지런한 주부처럼 바느질감을 만지거나 물레질을 하는 모습을 매우 흥미롭게 지켜보았다.

이런 방적공장이 아무리 가득 찬다 하더라도 베하임은 자기 목을 끌어안고, 최신의 음란 가요를 가르쳐주고, 돈 쓰기를 부추기는 이러한 아가씨들을 구하지 못한 적은 한 번도 없었다. 그는 그렇게 노는 데 하루에 대략 2길더 반을 썼다. 암스테르담에서 6개월 동안 베하임의 손가락 사이로 흘러나간 돈을 성직자나 학자가 벌려면 적어도 3년은 걸렸을 것이다.

결국 데브라의 주선으로 베하임은 서인도회사의 머스켓 총 사수로 취직하게 되었다. 이 회사는 브라질에 있는 식민지에서 포르투갈 인들의 공격에 맞서기 위해 경험 있는 군인들을 매우 필요로 했다. 이 일자리 제안의 시기는 참 적절한 것이었다고 베하임은 데브라에게 털어놓았다. 빚쟁이들이 이 독일 젊은이를 쫓아다니고 있었기 때문이다.

베하임이 배에 신고를 하기로 한 날인 1635년 11월 24일, 데브라는 하인

몇몇과 함께 이 신입사원을 데리러 숙소로 찾아갔다. 하지만 이 젊은이는 감쪽같이 어딘가로 사라져버린 뒤였다. 12일 전만 해도 데브라는 회사의 고용 계약서에 베하임을 위한 서명을 했고, 그의 하숙집 주인에게 엄청나게 밀린 방세를 지불했으며, 좀더 검소한 하숙집으로 옮기게 했다. 하지만 베하임은 새로 들어간 하숙집에서 단 한 끼만을 먹고는 어딘가로 사라진 것이었다.

데브라가 미친 듯이 암스테르담을 뒤지자 술집이나 무지코에서 누군가가 베하임이 있는 곳을 귀띔해주었을 것이다. 데브라는 이 말썽꾸러기가 옛 하숙집에 숨어 산다는 사실을 알게 되었다. "녀석은 그 당시에 항해를 떠나지 않으려고 온갖 핑계를 다 대었다네(원래 항해를 심각하게 생각하고 있지도 않았다)" 하고 데브라는 루카스 프리드리히에게 편지를 보냈다. 하지만 많은 시간과 돈을 들인 데브라로서는 베하임이 손아귀에서 빠져나가도록 그냥 둘 수는 없었다. 데브라와 한 하인은 그의 팔을 뒤로 묶어서 서인도회사로 끌고 갔다. 베하임은 할 수 없이 머스켓 총을 지급받고 두 달치 봉급을 미리 받았다. 데브라는 일단 베하임이 근사한 '할렘' 호에 탄 것을 확인한 뒤에 안도의 한숨을 쉬고는, 그의 가족에게 그가 저지른 비용을 갚아달라는 청구서를 보냈다. 그는 그들에게 이렇게 확실히 전달했다. "만일 그가 브라질에 더 오래 남아 있기를 바란다면 여기서 조치를 취해드리겠습니다."

데브라의 감사 기도는 너무 이른 것이었다. 서인도회사의 호위선은 텍셀 항구에 몇 주 동안 발이 묶인 채 바람을 기다리고 있었다. 배 위에서 생활하고 있긴 했지만, 베하임은 배에서 내려 이것저것 사들이고 먹고 마시면서 더 큰 빚을 지게 되었다. 그는 이미 데브라가 빌려준 돈의 일부를 옷가지와 음식을 사는 데 써버렸다. 그는 미래의 자금 원천이었던 데브라를 잃고 싶지 않았다. 베하임은 집에 편지를 보내, 자신이 여러 군데 쓴 돈을 어서 데브라에게 갚아달라고 했다.

베하임은 자신을 도와주던 또 한 사람, 즉 데브라의 사촌에게 외출복이 두

벌밖에 없다는 것을 강조했다. 하나는 가볍고 얇은 초록빛 천으로 만든 여름용 옷으로, 브라질의 무더운 날씨에는 이상적인 것이었다. 하지만 텍셀의 날씨는 "언제나 지독하게 추웠다." 그래서 베하임은 밤이나 낮이나 그 두 벌 옷으로 꽁꽁 싸매고 있어야 했다. 그래서 그 초록 코트와 허리 잘록한 웃옷과 바지는 이제 "쓸모없게" 되었다고 그는 말했다. 그의 동료들에 따르면 브라질에서 새옷은 상당히 값이 나간다고 했다. 그로서야 당연히 네덜란드를 떠나기 전에 필요한 것을 잔뜩 사둘 필요가 있다고 생각하지 않았겠는가?

이렇게 물품에 대한 특별한 요청의 결과가 어떠했건 간에, 더 많은 돈과 물건들을 모으려던 이 독일 젊은이의 노력은 결국 동풍이 할렘 호의 돛을 부풀리자 잠시 중단되고 말았다. 베하임이 나중에 기록한 바에 따르면, 이 66일간의 항해는 "영국에서부터 가는 내내 아름다운 날씨"의 축복을 받았다고 한다. 그는 또 "우리는 놀라운 물고기와 고래, 그리고 무엇보다도 날치를 많이 보았다"고 술회했다. 하지만 그는 페르남부쿠 해안에 발을 내디뎠을 때 자신의 불행이 대서양을 따라 건너왔다는 사실을 깨닫게 되었다.

그 무엇도 제대로 되지를 않았다. 아무리 많은 돈을 받고, 브라질 시골 사람들에게서 많은 도움을 받았어도, 돈과 성공은 여전히 그의 손가락 사이로 빠져나가고 있었다. 열대의 황홀한 식물과 동물들에 감탄하기는 했어도("하느님이 이 땅에 내려주신 환상적인 동식물과 새들"), 그는 브라질에서의 삶 또한 자신에게 결국 고통과 빚과 실망만을 안겨줄 뿐이라는 것을 깨달았다.

독일에 보낸 베하임의 편지는 암스테르담에서 보낸 것들과 비슷하게 불평 많고 변명투성이였다. 그러다 어느 날 갑자기 편지가 중단되었다. 1년 반 동안 이복동생으로부터 전혀 소식을 듣지 못했던 루카스 프리드리히는 1639년 4월 데브라에게 편지를 써서, 암스테르담에서는 동생의 소식을 알고 있는지 물었다.

데브라에게서 온 답장에는 나쁜 소식이 들어 있었다. 서인도회사의 한 연대의 독일 장교인 카스파르 슈퇴르는 1637년 11월에 샌프란시스코 요새에서 베하임을 보았다고 했다. 머스켓 총 병사인 베하임은 지저분한데다 기가 죽어 있었고, 열병으로 반미치광이가 되어 있었으며, 갈가리 해어진 옷을 걸치고 있었다. 신발과 양말이 없는 것으로 봐서 아마 무슨 전투라도 겪어 지독한 부상을 당한 것 같았다. 한쪽 발에는 썩어서 반쯤 떨어져나간 발가락이 대롱거리고 있었다. 내딛는 한걸음 한걸음이 고통이었다.

놀란 슈퇴르는 그를 레시페에 있는 주둔지 병원으로 실려가게 해주었다. 병원은 지저분했고 치료도 초보적인 것이었지만, 슈퇴르로서는 다른 대안을 생각할 수가 없었다. 그는 군사적인 임무 때문에 그곳을 떠나야 했으나, 베하임에게 가능하면 빨리 돌아와서 만나겠다고 약속했다. 1년 동안 와보지 못한 슈퇴르는 레시페로 돌아왔다가, 베하임이 1638년 1월에 패혈증으로 죽었다는 사실을 알게 되었다. 그가 1637년 5월 14일에 마지막으로 집에 보낸 편지는 돈을 보내달라는 내용이었다.

슈테판 베하임이 유럽을 기준으로 지구 반대편에 있는 지저분하고 악취 나는 주둔지 병원에서 죽어가고 있을 때, 연합주의 의학 지식은 상당한 발전을 이루어서 네덜란드는 이 분야의 선두주자가 되어가고 있었다. 즉, 분석적인 이론보다는 인체 자체와 인체의 기능에 대해 더 알아내기 위한 연구가 활발히 진행되었다. 그것도 주로 인체해부라는 수단을 이용해서였다. 공식적인 해부는 15세기 말에서부터 1800년대까지 암스테르담과 서유럽 전역(파도바나 런던 등에 있는 교육기관)에서 해마다 실시되었다. 성실한 의료인이라면 그런 기회를 마다할 리가 없었다. 런던에서 1572년에 발표된 법령을 보면, 외국의 의사들은 영국의 수도를 다른 목적으로 방문했다고 하더라도 그런 기회에 참석하지 않으면 벌금을 내야 했다.

공식적인 해부는 제일 추운 몇 달 동안에만 열렸다. 모든 과정이 끝날 때

풍차가 위트레흐트에서 멀지 않은 라인 강의 한 지류의 풍경을 지배하고 있다. 범선과 승객용 짐배가 네덜란드의 수로들을 정기적으로 운항하면서 각 고장 사람들에게 정확하고 적절한 수송망을 제공했다. 암스테르담과 호우다 사이를 운행한 노선처럼 교통량이 많은 곳에서는 밤에도 서비스를 제공했다.

까지 사체가 좋은 상태를 유지하도록 하기 위해서였다. 그리고 낮보다는 저녁 시간을 이용했다. 대낮의 햇빛보다는 일정하고 인공적인 램프의 불빛이 더 신뢰할 만했기 때문이다.

"더욱더 깊이 절개하시오.
그러면 문제의 근원을 발견할 수 있을 것이오."

렘브란트가 레이덴에서 암스테르담으로 이주한 직후, 그리고 슈테판 베하임이 그곳에 도착하기 3년 반 이전이던 1632년 1월의 어느 날, 암스테르담의 외과의 및 내과의 협회의 최고 실력자들이 티 하나 없이 정리된 해부실로 엄숙하게 줄지어 들어갔다. 여남은 개의 가는 초와 등불이 달린 샹들리에의 빛을 받은 방은 사람들로 빠르게 메워지고 있었다. 의료 종사자들뿐만 아니라, 행정관, 성직자, 학자, 상인 등 검은 옷을 입은 중산층들과 일반 시민 남성들, 여성들, 아이들 그리고 드문드문 외국인 방문객들까지 볼 수 있었다. 이 원형극장식 강당의 앞좌석들은 외과의사 길드의 계급과 연령에 따라 예약되어 있었다. 이날 밤에는 렘브란트도 참석하기로 되어 있었다. 이 행사를 기념하는 그림 주문을 받아 초벌 스케치를 하기로 되어 있었던 것이다. 그의 뒤로는 층층이 촘촘하게 줄지어선 벤치에 부유한 중산층들이 앉았다.

외과의사 길드의 경리담당은 참석자 수를 세면서 밝은 표정을 지었다. 공식 하객들은 별도로 하고, 모든 관객들은 티켓 한 장당 7슈타이버를 냈다. 이날 밤의 총수입은 적어도 200플로린은 될 것이니, 으레 뒤따르는 만찬과 횃불 행렬에 드는 돈을 지불하고도 길드에 적잖은 수입을 안겨줄 터였다.

모든 사람들의 관심은 방 한가운데에 있는 회전 테이블로 가 있었다. 그 위에는 음부에 하얀 천 한 장만이 덮여 있을 뿐, 벌거벗은 아드리안 아드리

168

안스존(친구들이나 적들에게는 '꼬마 아리스'로 더 잘 알려진)이라는 한 남자의 시신이 놓여 있었다. 아드리안스존은 강도, 폭행, 그리고 적어도 한 번의 살인미수로 사형선고를 받아 전날 교수형을 당했다.

이러한 해부는 일종의 교육 및 오락이 재미있게 혼합된 것으로 지역민들의 많은 사랑을 받았다. 교수대에서 범죄자들이 자기 행실의 대가를 치르는 광경을 감상한 사람들은 뒤이어 시신이 해부되는 장면을 보면서 공적 징벌이라는 드라마의 결말을 즐길 수 있었다. 열렬한 교인들에게는 해부가 죄와 사망과 심판으로 가득 찬 설교만큼이나 유익한 것이었다.

이 특별한 행사를 주관한 의사는 니콜라스 툴프였다. 당시 암스테르담에서 일한 50~60명의 개업의사들 가운데 그만큼 해부를 잘할 수 있는 사람은 없었다. 당대의 새로운 실험정신에 맞추어, 툴프는 병리학(병의 원인과 성격과 진행을 연구하는 학문)이 '의술의 눈 자체'라고 믿었다. 즉, 인체의 작용 및 그것을 손상시키는 병의 역학을 모두 이해할 수 있는 열쇠로 본 것이다.

"더욱더 깊이 절개하시오" 하고 툴프는 동료 의사들에게 촉구했다. "그러면 문제의 근원을 발견할 수 있을 것이오." 공식 해부학 강의 말고도 툴프는 자신의 과학탐구를 보다 덜 공개적인 환경에서 사적으로 실행하기도 했다. 시 당국이 병들고 집 없는 가난한 사람들의 수용시설로 운영하는 병원에서 나온 시신을 이용해서였다. 그날 밤 툴프는 무대 한가운데에 섰다. 모든 사람의 눈이 그에게 쏠렸을 때, 그는 집도를 시작했다.

당시 겨우 39세에 불과했지만, 툴프는 자신이 이 분야를 선도하고 있다고 여겼다. 피륙 상인의 아들이었던 그는 가업을 이어받는 대신 레이덴에서 당대 최고의 의사 밑에서 의학을 공부했다.

그의 집안과 친구들은 세례명(클라스 피터스존)으로 그를 불렀으나, 그는 니콜라스 툴프라는 이름으로 직업생활을 했다. 툴프는 '튤립'이란 뜻이었는데, 네덜란드 인들이 가장 좋아했던 이 꽃은 그의 트레이드마크가 되었다. 그는 카이저스그라흐트(새로 만든 거대한 반원형 운하들 중 하나)에 있는 위엄 있는 자기 집의 박공에 튤립을 새겨 넣도록 했다. 또한 마차를 장식하는 문장(紋章)이 박힌 덧옷에 튤립을 짜 넣도록 했다. 툴프는 더욱 빨리 환자에게 달려가기 위해 이 도시에서 최초로 마차를 사용한 의사였다.

렘브란트의 〈해부학 수업〉에서 외과의사 길드의 회원들은 아드리안 아드리안스존을 해부하는 니콜라스 툴프의 말을 열심히 듣고 있다. 해부학 강연자로서의 툴프의 재능은 화가들뿐만 아니라 시인 카스파르 발레우스에 의해서도 찬미되었다. "정교한 솜씨로 창백한 팔다리를 찢어발기는 학식 있는 툴프는 우리에게 웅변적으로 이렇게 말한다. '청중 여러분, 잘 보고 배우십시오! 신체의 아무리 작은 부분이라 하더라도 잘 살펴보면 하느님이 숨어 계신다는 것을 믿게 됩니다.'"

렘브란트에 의해 불멸의 인물이 된 지 9년이 지난 1641년, 툴프는 자신의 가장 흥미로운 임상체험을 담은 책을 출간했다. 그가 다룬 병 중에는 몸보다는 마음이 원인인 경우도 많았다. 그는 "우리 시대 최고의 연사이자 시인"인 카스파르 발레우스가, 자신의 엉덩이가 유리로 만들어져 있어서 깨질까 봐 앉기를 두려워한 망상에 사로잡힌 것을 설명했다.

또 한 환자는 툴프가 공개하지 않은 재능 있는 화가였는데, 그는 자기 뼈가 녹아서 분해되고 있다고 느꼈다. 자기 다리가 무너져 내릴까 봐 두려워한 이 화가는 극심한 우울증에 빠진 채 침대에 드러누워서 겨울 내내 이불을 덮고 지냈다. 툴프는 봄이 되어서야 그의 두려움이 아무런 근거가 없는 것이라고 확신시킬 수 있었다.

툴프와 더불어 그의 동시대인들은 아직도 의학 이론의 상당 부분을 중세의 약종상 서적에서 가져왔다. 보름달이 뜨면 새의 배설물을 모으는 마술 치료 같은 방법을 완전히 포기하지 않았던 이 직업에 툴프는 신선한 충격을 주었다. 그는 당대의 물리학 및 화학이 이룬 발전에 많은 관심을 두고 주시했다. 실험에 가치를 두고, 병을 예방하고 다루는 데 있어 청결과 위생이 매우 중요함을 강조했던 그는 네덜란드의 새로운 임상의 세대 중에서 선봉에 서 있었다.

과거의 수상쩍은 치료법을 경계한 툴프는 직접 60가지의 간단하고 실용적인 처방을 집대성했다(예컨대 그는 차를 많이 마시면 효험이 있다고 철석같이 믿었다). 1636년, 그는 동료들을 설득하여 '콜레기움 메디쿰(Collegium Medicum)'을 설립했다. 이는 시에 있는 66개의 약종상들을 규제하고 감시하는 위원회였다. 출산 중에 사망하는 여성의 숫자를 줄이기 위해 그는 산파들을 위한 수련 강좌를 개설했다.

툴프는 타고 있는 초와 함께 "나는 남을 섬기는 일에 스스로를 소진한다"는 문구가 씌어 있는 자신의 개인 문장을 만들었다. 그는 귀족, 신발장이, 수

비대 대장, 시비 끝에 칼에 찔려서 상처 사이로 허파가 드러나 보이는 피해자 등, 온갖 계층의 환자들을 치료했다. 이 의사는 암스테르담 사람들의 건강뿐만 아니라, 시의 복지와 교회의 장로로서 시민들의 영혼 구제에도 관심을 쏟았다. 시간이 흐를수록 그는 지역 정부 일에 더 많은 힘을 쏟았으며, 의료 문제에는 상대적으로 소홀했다.

암스테르담은 부유한 가문들의 꽉 짜인 네트워크가 지배하는 과두체제였다. 그들은 중요한 공직을 모조리 차지했으며, 해운에서부터 파산 및 가사분쟁에 이르기까지 시민생활의 거의 모든 면을 지배한 위원회의 위원 자리를 차지했다. 이러한 부유한 지배 중산층들(통틀어서 지배층이라 불렸다)은 주로 오래된 상인 가문이나 지주 가문 출신이었다. 그들은 서로 정략결혼을 하여 안락을 누릴 수 있는 재산과 함께 정치권력을 세습했다.

이 집단은 새로운 피를 수혈하기 위해 이따금 문호를 열어주기도 했다. 1622년에 툴프는 직업적인 명성 덕분에 이 집단에 가입하여 36개의 시의회 자리 중 하나를 차지하게 되었다. 툴프가 첫 아

한 늙은 여성이 지켜보는 가운데 의사는 젊은 여성 환자의 맥박을 재고 그녀의 소변을 살펴보고 있다. 17세기의 의사들은 질병을 진단하기 위해 대개 오줌의 색깔·맛·냄새·질감을 이용했다. 이 젊은 여성은 어쩌면 마음속에 상사병을 앓고 있는 건지도 모른다. 하지만 1600년대만 해도 이는 신체의 진짜 질병으로 간주되었다. 병세에 따라 생길 수 있는 극심한 오한을 줄이기 위해서, 뜨거운 숯이 가득 담긴 냄비 모양의 난로(오른쪽)를 환자가 누워 있는 병상의 이불 위로 움직여서 따뜻하게 해주기도 했다.

내와 사별한 뒤 나무랄 데 없는 귀족 가문 출신의 여인과 결혼하자 그의 인기는 더욱 치솟았다. 오랜 정치생활을 하면서 그는 여덟 번이나 시 재정관을 지냈고, 동인도회사의 이사직에 앉았으며, 네 번이나 존경받는 시장직에 선출되었다.

네 명이 맡아서 하는 시장직은 이 도시정부의 최고 직책이었다. 그들은 공식적으로는 의회 동지들의 조언을 받아 행동했지만, 실제로는 자신에게만 책임을 졌다. 그들은 모든 공직자들을 임명했고, 모든 위원회와 대학의 구성원을 뽑았으며, 모든 상업적·재정적·법적·종교적 활동에 거의 구속받지 않는 권력을 휘둘렀다.

시장들의 영향력은 시의 경계를 넘어서 발휘되기도 했다. 암스테르담은 홀란트 지방에서 단연 가장 부유한 도시였으며, 홀란트는 네덜란드 공화국을 이룬 7개 지방 중에서 가장 부유한 곳이었다. 최고 국가회의에 가면 암스테르담 대표들이 가장 큰 목소리를 냈다. 이 대단한 회의는 헤이그에서 개최되는 경우도 있었으나, 국가의 부와 권력의 원천으로서 암스테르담이 갖는 지위에 시비를 거는 사람은 거의 없었다. 1650년, 프레데리크 헨드리크의 계승자로서 오라녜 공 및 행정장관이 된 빌렘 2세가 천연두로 죽자 홀란트의 지위는 더욱 올라갔다. 5개 지방은 새 행정장관을 지목하지 않기로 했고, 암스테르담의 지도자들이 이 권력을 거머쥐었다. 그중에서 으뜸은 요한 데 비트라는 사람으로, 1653년부터 1672년까지 거의 20년 동안 공화국의 내치와 외치를 지휘했다.

그러는 사이 굳은 견해와 확신을 가진 툴프는 자신의 동료 암스테르담 인들의 지성과 도덕을 향상시키기 위해 자신의 지위를 이용했다. 시와 미술을 사랑하고, 문학 관련 모임에 열심히 다녔으며, 미술을 열렬히 후원했던 툴프는 엄격한 칼뱅주의자이기도 했다. 그는 다른 칼뱅주의자들과 마찬가지로 연극공연을 고운 눈으로 바라보지 않았다.

17세기 초만 하더라도 시의 신부들은 연극공연을 통제할 수 있었다. 간혹 공연 허락을 받기도 하는데, 이는 자선기금을 모으기 위한 것에 한해서였다. 노골적인 코미디와 피투성이 드라마로 대중들을 즐겁게 해주는 순회극단은 이들의 경멸을 받았다. 당시 네덜란드에서 가장 존경받던 시인인 요스트 반 덴 본델 같은 학식 있는 사람들은 극장에서 고전의 이미지라는 얇은 베일로 자신의 정치적인 논평을 슬쩍 가리면서 상연해 당국을 성가시게 만들었다.

1637년에는 일부 성직자들의 맹렬한 반대에도 불구하고 시장들이 조금씩 상설극장을 허가해주었다. 돌로 지은 새 공연장은 시 고아원 원장들이 투자한 것이었다. 간접적이긴 하지만 티켓 판매가 가치 있는 기관에 기부를 하는 것과 마찬가지라고 정당화하는 데 도움이 되었기 때문이다. 여기서 초연된 작품은 본델이 쓴 〈헤이스브레흐트 반 암스텔〉이라는 연극으로, 암스테르담의 영광을 기리는 것이었다. 하지만 본델이라는 이름으로는 당국의 검열로부터 연극을 지켜낼 수가 없었다. 1654년에 툴프와 그의 동료 시장들은, 불경스러운 언어에 대한 개혁교회의 불평이 있자 본델의 〈루시퍼〉의 상연을 금지해버렸다.

그 직후에 툴프는 점점 심해지는 동료 시장들의 낭비와 사치와 천박함에 대한 성전을 개시했다. 가족과의 식사시간에 조금만 비싼 음식이 올라와도 호통을 쳤던 그는 그 옛날 암스테르담 지도층들의 소박하고 단정하고 성실하고 건전한 생활을 그리워했다. 그런데 근래에 와서 그들은 자신의 사회적 지위보다 더 높은 사치스러운 생활방식을 추구하기 시작했다. 조상이 물려준 가게와 집 대신에 직함과 족보와 근사한 저택을 더욱 좋아했던 것이다.

툴프는 특히 당대의 결혼잔치가 점점 더 호화스러워지는 것을 보고 분개했다. 그 누구도 두 젊은이의 결합에 집안 사람들이 즐기는 것을 문제삼지 않았다. 하지만 이 의사는 수백 명의 하객들이 찾아오는 결혼잔치가 점점 도를

네덜란드의 한 여성 후원자가 자신이 세운 구빈원(救貧院) 앞에 앉아서 노인들에게 곡식을 배급하는 것을 직접 감독하고 있다. 암스테르담에서는 자선기관과 교도기관도 이렇듯 부유한 가문들이 주관했다.

지나치고 있다고 생각했다. 그들이 일개 군부대를 먹일 만큼 먹고, 일개 선단이 마실 양의 술을 마시고, 일개의 악대가 밤낮으로 나팔을 불어대면서 한 주일의 대부분을 허비하고 있다고 생각한 것이다.

1655년에 그와 다른 한 시장은 그렇게 과도한 잔치를 금지하는 법안을 통과시켰다. 이 법은 하객 50명에 악대 대여섯 명을 상한선으로 제한했고, 잔치는 이틀 동안만 하도록 시간 제한을 두었으며, 선물은 신부 지참금의 20분의 1을 넘지 않는 범위에서 하도록 했다. 이에 대해 불만을 토로하는 사람들은, 그런 지출이 하느님의 뜻을 거스르는 것일 뿐만 아니라 어려운 때에 가당치 않은 것이라는 말로 면박을 당했다. 당시 홀란트는 역병의 창궐, 심각한 경제 침체, 영국과 치른 해전의 여파로 고통받고 있었던 것이다.

네덜란드와 영국이 충돌한 주된 원인은 네덜란드가 계속 번성하면서 무역 항로를 장악하자 이에 따른 무역경쟁에서 비롯된 것이었다. 이윽고 1652년에 영국은 네덜란드에 선전포고를 했다. 영국은 월등히 뛰어난 해군의 힘으로 잇단 교전에서 승리하면서 네덜란드의 선단과 경제권을 격파했다. 그동안 네덜란드 공화국은 번성하던 브라질 식민지를 포르투갈에게 잃고 말았다. 하지만 영국 경제도 타격을 받긴 마찬가지였다. 결국 1654년에 평화조약이 체결되었다.

툴프가 혐오하는 대상은 씀씀이 큰 부자들만이 아니었다. 동료 칼뱅주의자들과 마찬가지로, 그는 로마 가톨릭 의식의 흔적이나 이교도적 미신을 모조리 없애고 싶어

했다. 개혁교회의 목사들은 '교황주의적 우상숭배'와 '바알 숭배'를 혐오했다. 이들은 성 니콜라스 축일과 같은 명절 때면 아이들에게 인형과 꼭두각시를 선물하고, 이상한 인간 형상에 촛불을 켜고, 은종이로 싼 생강 빵 인간의 머리를 베어 먹고, 신발을 굴뚝 가까이 놓고, 신터 클라스(성 니콜라스)가 찾아오기를 기다리곤 했던 것이다.

1663년 12월 4일, 이 명절이 시작되기 이틀 전에 툴프와 다른 한 시장은 시 행정관들을 설득하여 '우상 숭배적' 인형의 판매를 금지하며, 이를 어기다 잡히는 행상에게는 3길더의 벌금을 물도록 했다. 하지만 행정관들은 엄청난 역풍을 맞아야 했다. 암스테르담 주민들과 어린아이들은 매우 거세게 저항하며 늘 하던 대로 아끼던 축일을 즐겼다. 행정관들은 결국 금령을 강요하지 않는 것이 현명하다는 판단을 내렸다.

툴프의 행정관들이 전적으로 정당하다고 여긴 축일이 하나 있었다. 1672년 1월 28일, 그들은 이 의사의 집에 모여 그가 시의회에 들어온 지 50년이 된 날을 축하했다. 네덜란드 공화국이 이번에는 프랑스 및 영국과 새로운 전쟁에 돌입할 위험한 시기에 있었지만, 툴프의 친구들과 동료들은 그의 마땅한 영예를 아낌없이 축하해주었다.

오후 2시부터 밤 11시까지 9시간 동안 귀족·의사·시인·정치인·학자 등 유명한 사람들이 모여

| 잘 차려진 식탁 |

네덜란드 사람들은 먹기를 좋아했고, 또 실제로 잘 먹기도 했다. 낙농업이 번성한데다가 싱싱한 과일과 채소와 온갖 종류의 생선을 시장에서 구할 수 있었기 때문이다. 도시 부둣가에 쌓인 수입 곡물은 기근의 위협을 줄여주었으며, 자선단체의 도움을 받고 살던 사람들도 영양가 많은 완두·콩·오트밀·빵·치즈를 먹을 수 있었다.

많은 가정의 안주인들은 일주일에 한 번 요리를 한 다음, 나머지 6일 동안 같은 음식을 계속 데워가며 먹었다. 아침식사는 빵과 버터와 치즈였다. 형편이 더 나은 집은 그외에도 청어나 고기 파이나 사냥으로 잡은 고기를 먹기도 했다. 풍성한 점심 끼니는 흔히 푸성귀, 파스닙(설탕당근), 말린 자두, 식초, 레몬 주스, 생강 등을 넣고 몇 시간 끓인 양고기나 쇠고기 스튜였다. 오후 늦은 시각이

이 잘 차려진 테이블에 있는, 일부가 잘려나간 파이는 푸짐한 속을 드러내놓고 있다. 파이 주변에는 빵, 호두, 헤이즐넛이 있고, 수입 레몬과 올리브와 다양한 쿠키가 담긴 접시가 있다. 반짝이는 백랍으로 만든 주전자와 접시, 크리스털 잔, 섬세하게 만들어져 잘 다린 레이스 달린 식탁보를 보면 이 식탁이 부유한 집의 것임을 알 수 있다.

성대한 잔치를 준비하는 이 집의 안주인이 산토끼를 요리하기 전에 고기를 부드럽게
만들기 위해 라드(돼지 기름)를 바르고 있다. 열린 문으로 연회 테이블이 보인다.

면 빵과 치즈에다 아몬드나 건포도를 곁들인 간식이 있었고, 8시나 9시경에 저녁이 나왔다. 저녁은 대개 그날 남은 음식을 먹었다. 그리고 아이, 어른 할 것 없이 끼니때마다 맥주를 마셨다(물이 대부분 오염되어 있었다).

공화국의 황금시대 동안, 부잣집의 연회 테이블에는 바닷가재, 굴, 고급 유럽 포도주(흔히 생강, 계피, 정향을 가미했다), 동인도에서 온 차 등이 가득 차려졌다. 1600 대 중반에 암스테르담에는 50개가 넘는 설탕 정제소가 있었고, 네덜란드 인들은 모든 잔치의 단골 음식으로 등

장하던 달달한 속이 든 패스트리 같은 단 것을 열심히 개발해냈다. 외국인들은 네덜란드 인이 소비한 음식과 술의 양을 보고 놀랐지만, 질에 대해서는 덜 인상적이었던 모양이다. 한 방문객은 요리사들이 모든 음식을 너무 끓이고 볶아서 "식탁에 나오고 보면 대체 무슨 고기인지 알 수가 없다" 고 불평을 했다.

한 네덜란드 가족이 좋은 음식과
훌륭한 술과 함께 편안한 시간을
보내고 있다. 한 젊은 여인은 각로
(脚爐)에 발을 얹은 채 포도주
를 받고 있고, 할머니는 악보
를 읽고 있으며, 신이 난 아버
지는 아들에게 파이프 담배를
가르치고 있다.

최고급 부르고뉴 포도주로 건배를 했고, 향을 가미한 담배가 수북이 쌓인 명나라의 파란 자기 접시를 돌리면서 파이프 담배를 피웠다. 그러는 동안 학식 있는 여러 사람들이 집주인에게 시를 낭독하여 바쳤다.

뛰어난 포도주 맛을 즐기면서 존경받는 의사 툴프를 바라보던 손님들은, 그의 삶이 이 도시가 이룩한 위대함의 거울과 같다는 생각을 했을 것이다. 그는 상인 집안에서 태어나 신분을 박차고 올라와서 모든 재능을 발휘하여 자기 분야의 최고가 되었고, 자기 신앙의 양심에 따라 살려고 했으며, 자신이 가진 모든 재능과 노력이 가져다준 세속적인 보상을 주저없이 잘 이용했다. 그들이 집주인의 성공을 축하하는 또 한 번의 축배를 들 때는 툴프에게 뿐 아니라 암스테르담의 영광스러운 시절도 환호했다. 하지만 툴프의 시절도, 이 도시의 황금시대도 점차 저물어가고 있었다. 이 의사는 사랑하는 공화국이 새로운 갈등에 휘말리는 광경을 지켜보다가 2년 만에 숨졌던 것이다.

툴프의 축하 파티가 있은 지 몇 주 뒤 프랑스와 영국이 힘을 합쳐서 네덜란드 공화국을 쳐들어왔다. 두 적국은 이 나라의 무역항로와 어업을 공격했고, 대포를 쏘아댔으며, 항구들을 봉쇄했다. 프랑스와 영국이 공격한 동기는 1660년대의 여러 사건 때문이었다.

네덜란드와 영국 사이의 첫 전쟁은 1654년에 끝났다가 1660년대에 또다시 발발했다. 이번에는 재건한 네덜란드 해군이 승리하면서 영국은 할 수 없이 해운권과 신세계 식민지들을 넘겨주어야 했다. (영국은 전에는 뉴암스테르담이라고 하던 뉴욕을 1664년에 네덜란드로부터 차지한 다음 이를 끝내 지키지 못했다.) 그러는 사이 네덜란드를 돕기로 약속해놓고 뒤늦게야 마지못해 움직이던 프랑스가 갑자기 스페인 령 네덜란드를 침략했다. 스페인의 정치력이 점점 약해지고, 프랑스와 평화를 이루게 되자 스페인이 그 지역에서 상당한 수의 군사들을 철수시켰기 때문이다. 프랑스가 공격해오자 영국과 네덜란드 공화국은 자

네덜란드의 한 부유한 집안의 가족들이 모여서 다양한 악기로 연주를 하고 있다. 네덜란드 사람들은 겨울이면 집 안에서 함께 노래 부르기를 즐겼다. 대부분의 집에서는 몇 개의 노래책을 가지고 있었는데, 종교나 애국을 주제로 한 것에서부터, 〈기쁨의 트롬본〉이나 〈라틴 어로 쓰인 작은 키스들〉과 같이 경쾌한 곡들도 있었다.

신들에 대한 위협이라고 보고 일시적으로 연합하여, 프랑스 왕 루이 14세가 스페인과 평화협정을 맺도록 했다.

네덜란드의 세력을 약화시키고자 기회를 보던 루이 14세는 네덜란드의 영토와 식민지를 차지하기 위해 1670년 6월, 영국과 비밀협정을 맺었다. 1672년 봄에 영국과 프랑스는 육지와 바다로 동시에 네덜란드를 침략했다. 7월에는 7개 지방 중 3개가 프랑스 군의 수중에 넘어갔다. 네덜란드 공화국의 남은 지방정부도 적에게 곧 항복할 태세였다. 하지만 지도자들의 그런 계획을

막기 위해 사람들이 직접 들고일어났다. 암스테르담에서는 1672년 9월에 시위가 절정에 달했다. 암스테르담 증권거래소가 붕괴하면서 상거래가 중단되었고 금융 대혼란이 일어났다. 위기상황에 몰린 시민들은 점점 거칠어져갔고, 지도층은 내부의 분란으로 고심하게 되었다.

그러는 사이 군사적인 측면에서는 특히 두 네덜란드 인이 적을 만에 묶어두는 책임을 맡고 있었다. 빌렘 3세와 미키엘 데 로이테르가 그들이었다. 당시의 오라녜 공 빌렘 3세는 1672년 7월에 홀란트와 젤란트의 행정장관에 취임했으며(22년 동안 공석으로 남아 있었다), 뒤이어 대공 사령관이자 공화국 최고위 해군제독이 되었다. 존경받던 해군의 영웅 미키엘 데 로이테르 제독은 바다와 수로를 순시했다. 하지만 이런 사람들이 있다 해도 네덜란드 인들이 사방에서 느끼는 위협을 잠재울 수는 없었다.

1672년 9월 6일 오후, 암스테르담의 어민들과 선원들이 모여 사는 한 구역에서 미키엘 데 로이테르의 아내 안나는 문밖에서 성난 외침을 들었다. 자신과 함께 집에 있던 사람은 질녀와 두 가정부뿐이었다. 놀란 그녀가 창밖을 살펴보자, 수백 명의 흥분한 남녀가 그녀의 집으로 들이닥치고 있었다. 안나는 깜짝 놀라서 어찌할 바를 모르고 있었다. 그때 옆집에 살던 친척이 와서 성난 군중들에게 무슨 일인지 설명해달라고 했다. 군중들은 "로이테르가 나라를 배신하고 함대를 팔아먹었다!"고 외쳤다. 그들은 이 제독이 돈이 탐나서 네덜란드 함대를 프랑스 군에 사실상 항복시켰다는 이야기를 어디선가 듣고 온 것이다. 그들은 또 로이테르가 이미 반역자로 붙잡혔다는 이야기까지 들었다고 했다. 어떤 이는 그가 묶이고 족쇄를 찬 채 헤이그의 형무소로 끌려가는 모습을 보았다고 주장하기도 했다.

남편의 명성을 더럽히는 소리를 들은 안나는 남편에게서 온 편지를 하나 꺼내들었다. 그가 함대와 함께 시코네벨트에서 바로 전날 도착한 편지였다. 편지에는 적과 곧 교전하기를 바라는 그의 희망이 담겨 있었다. 안나는 제독을 모함하는 이 사람들에게 그 편지를 건네주었다. 사람들 가운데는 로이테르의 필체를 아는 자들도 있었다. 그들은 이 편지가 진짜라는 사실을 금방 확인해주었다. 그러자 성난 군중들은 시위 주모자들에게 화살을 돌려, 영웅적인 해군 지도자의 명예로운 이름을 더럽힌 불한당들이라고 비난했다.

지난달만 해도 이런 폭동이 일어나서 군중이 요한 데비트를 포함한 암스테르담의 정치 치도자 두 사람을 죽였다는 사실을 잘 알고 있던 안나는 안도의 한숨을 쉬었다. 그녀는 자신의 4층짜리 집으로 돌아가서, 아마도 자기 가족이 고향인 젤란트의 블리싱겐에 남아 있었다면 차라리 낫지 않았을까 하는 생각을 했을 것이다. 하지만 어찌 되었든 간에 그들은 네덜란드 공화국을 위하여 18년 전에 암스테르담으로 옮겨왔던 것이다.

1654년 3월, 로이테르는 암스테르담 해군본부의 부제독으로 승진하면서 네덜란드 무역선을 보호하는 임무를 맡게 되었다. 당시 지중해 여러 항로에 출몰하면서 무역선을 공격하는 해적이 많았기 때문이다. 이 해적들은 지브롤터 해협에서부터 알제와 트리폴리에 이르기까지 북아프리카 해안을 따라 있는 기지를 중심으로 화물을 약탈하고, 승무원들과 승객들을 납치하여 몸값을 받아내거나, 이탈리아와 스페인의 노예시장에 엄청난 이윤을 남기며 팔아넘겼다. 로이테르는 처음에는 은퇴하고 싶다는 욕구가 점점 더 커지고, 고향인 젤란트 지방에 대한 충성 때문에 임명의 영예를 거절했다.

급조된 항구인 블리싱겐에서 1607년에 태어난 미키엘 데 로이테르는 슈테판 베하임과 마찬가지로 어릴 때 꽤 말썽을 일으켰다. 그는 품행이 나쁘다는 이유로 학교에서 쫓겨났고, 지역 선주들 밑에서 변변치 않은 일을 하다가 계속해서 해고당했다. 하지만 그는 베하임과는 매우 달랐다. 로이테르는 스스로 무언가를 이루고자 하는 마음이 강했던 것이다.

로이테르는 11세 때 작은 배 갑판장의 조수로 처음 바다에 나갔다. 20대 초반에 그는 서인도제도와 브라질에 가서 신생 공화국과 스페인 사이의 전쟁

(1648년까지 공식적으로 끝나지 않았다)에 참가해 포병 및 기병 생활을 했다. 그는 포위당한 틈에서 살아남기도 했고, 군함을 타고 항해를 했다. 비스케이 만에서 일어난 해전에서 머리에 심한 상처를 입기도 했으며, 스페인 군에게 붙잡히기도 했다. 그렇지만 그는 끝내 간수들을 따돌리고 탈출, 걸어서 프랑스를 거쳐 고국으로 돌아왔다.

승진에 대한 야망을 갖고 있던 로이테르는 혼자 공책을 빼곡히 메워가며 별을 이용한 항법, 나침반 이용법 등의 모든 항해술을 스스로 공부해나갔다. 그는 상선단에서 자신의 지위를 확보해가며, 그린란드 포경선을 타고 대서양 북부 지역을 항해했으며, 자기 배를 직접 지휘하여 북아프리카 해안과 서인도제도까지 무역을 나가기도 했다.

전쟁과 유사시에 그가 보여준 용기와 수완은 그의 명성을 드높여주었다. 부둣가 선술집들에서는 북해와 영국해협에 출몰하던 해적들을 상대로 로이테르가 거둔 승리에 대한 이야기로 떠들썩했다. 한번은 그가 승무원이 17명밖에 되지 않는 작은 배를 이끌고 선원 12명에 대포 20기를 갖춘 사략선(私掠船, 전시에 적선을 나포하는 면허를 가진 민간 무장선―옮긴이)을 겁도 없이 공격하여 나포하기도 했다. 그 무장선의 선장은 포연이 걷힐 때까지 자신들이 대형 군함의 공격을 받고 있는 줄 알았다.

로이테르는 안나와 결혼할 때 이미 두 아내와 사별한 뒤였다. 그녀는 자신처럼 평범한 배경에 거친 젤란트 억양을 가진 여자였다. 결혼한 지 얼마 되지 않아서, 로이테르는 조국이 자신을 필요로 했기 때문에 암스테르담의 부

미키엘 데 로이테르와 안나(왼쪽에서 두 번째 및 세 번째)가 가족들과 함께 포즈를 취하고 있다. 그녀가 첫 결혼에서 낳은 아들(왼쪽에서 네 번째), 제독이 두 번째 결혼에서 낳은 두 딸(오른쪽과 가운데 서 있는 이)과 아들(맨 왼쪽), 그리고 사위(오른쪽에서 두 번째)가 있다. 미키엘과 안나의 어린 두 딸(앞쪽)이 사촌과 놀고 있다.

석제독 자리를 수락하기로 했다. 로이테르 부부는 어쩔 수 없이 블리싱겐에서 공화국 최대의 도시로 이사를 와야 했다. 그토록 저명한 국가적 영웅을 맞이하게 된 암스테르담은 그에게 '위대한 시민으로서의 지위'를 부여했다. 그를 완전한 자유민으로 인정해주며, 그에게 도시의 지배층과 같은 서열을 인정해주는 것이었다.

이 도시를 방문한 고관들, 특히 순진한 외국 지도자들은 한때 미천한 뱃사람이었던 이 네덜란드 함대 사령관에게 매료되었다. 아무리 말단에 있는 병사라도 미키엘 데 로이테르를 "할아버지"라고 불렀다. 한 스페인 제독은 로이테르가 상선 선장처럼 소금기 절은 옷을 입고, 대저택 대신에 수수한 집에 사는 것을 보고 대단히 놀랐다. 어떤 프랑스 귀족은 이 투박하고 꾸밈없이 말하는 바닷사람이 자신을 친구라고 불러주어서 대단히 자랑스럽다고 선언했다.

로이테르 부부가 이렇듯 겸손했다고 해서 그들이 부를 추구하는 데 관심이 없었던 것은 아니었다. 로이테르는 19세 때부터 주식투자를 하기 시작하여, 무역선 선장을 하면서 얻은 많은 수입을 투자했다. 그는 해군본부에서 계급이 올라감에 따라, 또한 해전에서 승리를 거둘 때마다 후한 보상을 받았고, 임무수행 중에 발생한 그 어떠한 비용에 대해서도 모두 청구를 할 수 있었다. 배를 나포하기라도 하면 집에 상당한 몫의 전리품을 가지고 왔다. 그는 또 자기 휘하에 있는 배에 들어가는 모든 식량을 구매할 권리를 가지고 있었으며, 상당한 이익을 챙기면서 이것을 배의 조리장에게 팔았다. 거래에 대해 상당히 예리한 눈을 가지고 있던 안나는 남편에게 가장 값싸게 물자를 살 수 있는 방법을 알려주곤 했다.

비록 남편만큼 위험하게 살았던 것은 아니지만 안나의 삶에도 나름의 까다로운 요구가 있었다. 남편의 성공으로 안나는 제독 부인이 되기는 했어도, 상류층의 태도나 기품 같은 것은 받아들이지 않았다. 다른 모든 훌륭한 네덜란드 주부처럼, 그녀는 청결과 경건을 구분하지 않았다. 일상적으로 필요한 일 말고도, 매주 하루하루(영혼의 정결을 위한 안식일은 별도로 하고)마다 해야 할 정해진 일들이 있었다. 그녀는 딸과 질녀와 두 가정부의 도움만을 받아서 모든 일을 꼼꼼하게 직접 처리했다.

집 안의 위생에 대한 집착은 집 바깥에서부터 시작되었다. 안나와 다른 네덜란드 여성들은 오래된 앞치마를 걸치고, 손목에서부터 팔꿈치까지 닿는 보호용 소매를 두른 채 일을 시작했다. 동이 트자마자 모든 네덜란드의 고장에는 빗자루와 솔질 소리가 울려퍼졌다. 어느 거리를 가나 많은 여성들이 현관 앞 계단에 나와서 기도하듯 무릎을 꿇고는 계단과 아래 연결된 도로의 바닥을 문지르는 모습을 볼 수 있었다. 그렇게 해서 계단과 도로의 포석은 갓 내린 눈처럼 환했고, 벽돌은 루비처럼 반짝였다. 한 영국인 방문객은 그들의 청결함에 놀라워하며 "모든 문에 다이아몬드가 박힌 것 같다"고 했다.

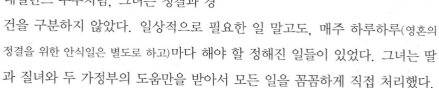

한 아이가 콜프 채를 휘두른 뒤 바라보는 동안 두 여성이 커다란 장롱에 깨끗한 리넨을 넣고 있다. 외국인들은 네덜란드 주부들이 매우 깨끗한 리넨을 엄청나게 많이 쓰는 데 대해 갖고 있던 자부심에 대해 언급하곤 했다. 한 영국인이 기록한 바와 같이 네덜란드의 침대는 너무 높아서 한밤중에 거기서 내려오다가는 잘못해서 치명적인 부상을 입을 수도 있다고 했다. 그러면서도 "당신은 적어도 친구에게 깨끗한 리넨 속에서 죽었다는 위안은 남길 수 있을 것"이라고 했다.

집 안에서는 일단 침구를 널고, 베개를 불룩하게 매만져 놓고, 설거지를 하고, 세탁을 마치고, 가구 하나하나 먼지를 털고, 모든 바닥과 벽과 아이들을 꼼꼼히 살펴보고, 벌레의 침입이 없는지 확인하고 이를 말끔히 처리하고 나서야 여성들은 주별로 하는 자질구레한 일에 신경을 쓸 수 있었다.

월요일이면 방문객들을 맞이할 방의 먼지를 털고 광을 내야 했고, 화요일이면 침대에 같은 일을 해주어야 했다. 수요일이면 지하실 통로에서부터 다락에 이르기까지 집 구석구석을 다 점검해보아야 했다.

목요일이면 때가 타거나 흐려지는 것들은 모두 문지르고 닦아야 했다. 하지만 가정부들은 그 어느 날보다 금요일을 끔찍스럽게 생각했다. 부엌의 기름과 지하실의 때를 지우기 위해 엄청난 전쟁을 치러야 했기 때문이다. 가정부들은 이날 안주인이 이제 됐다는 말을 할 때까지 물을 30~40통씩 져 나르면서 일을 해야만 했다.

"네덜란드 여성들은 집과 가

이 인형의 집에 있는 여러 방에는 17세기 가정생활의 여러 모습이 드러나 있다. 수집가의 수집방이 있는가 하면(가운데 오른쪽), 출산방도 있다(아래 가운데). 부유층의 집 한 채를 꾸미기 위해 주문된 가구, 그림, 장식품 등은 1,600점 정도나 되었다.

자신이 직접 만들었을지도 모를 옷을 입은 이 레이스 만드는 여성은 솜씨 좋게 실패와 핀과 실을 다루고 있다. 좋은 가문의 여인네들은 신부수업의 일환으로 레이스 만들기를 연습하곤 했다. 레이스 만들기는 또 노동계층 여성들에게 일자리를 얻을 기회를 마련해주기도 했다. 그들은 대개 이 기술을 학교장의 부인으로부터 배웠다.

구에 대하여 믿을 수 없을 정도의 청결을 유지하는 데 대한 자부심을 갖고 있다"고 어느 외국인 방문객은 기록한 바 있다. "그들은 외국인을 집 안에 들이게 되면 밀짚 슬리퍼를 여러 개 주면서 발과 신발과 다른 모든 것을 넣게 만든다."

그렇다고 네덜란드 여성들이 집안일만을 떠맡았던 것은 아니다. 그들은 정치적인 지위는 가질 수 없었어도 고아원, 오래된 집, 병원, 교도소 등을 운영할 수는 있었다. 여성들은 또 상업 및 사업 거래, 재산 관리, 가족의 재정 문제, 가게 운영 등에 활발히 관여했다. 누군가 언급했듯이 "네덜란드 여성들은 대부분 남편 못지않게 가정경제 문제와 노동에 민감하도록 자랐다."

그에 비해 배우, 작가, 미술가 같은 직업을 가졌던 여성들은 드물었다. 니콜라스 툴프 같은 사람이 승인해주지 않았어도, 1655년에 암스테르담은 아리아네 노제만 같은 일류 여배우에게 공연장을 열어주었고, 그녀는 이곳에서 많은 성공을 거두었다. 같은 연대에 위트레흐트의 작가 안나 마리아 반 슈르만은 〈학식 있는 가정부〉 또는 〈가정부도 학자가 될 수 있는가〉라는 제목을 단 라틴 어 소책자를 발간했다. 슈르만이 내놓은 대답은 확실히 '그렇다' 하는 것이었다. 학문적인 추구는 여성들에게는 어울리지 않는다고 한 사람들에게 슈르만은 이렇게 반박했다. "인간의 지성을 완벽하게 하고 꾸며주는 것이 무엇이든 간에, 그것은 기독교인 여성에게 알맞고 어울리는 것이다."

1609년경 하를렘에서 태어난 주디스 라이스터는 화가로서 성공을 거둔 여성이었다. 렘브란트와 마

방금 전에 일어난 한 부인이 화장대에 앉아 있고, 청소를 하고 침실용 변기(오른쪽 아래)를 비우는 등의 아침 일을 하러 온 가정부가 그녀의 머리를 매만져주고 있다. 잘 갖춰진 테이블 위에는 세수를 할 대야와 물주전자가 놓여 있다. 17세기에는 아무리 고상하고 멋 부리기를 좋아하는 귀부인이라도 좀처럼 전신 목욕을 하지 않았다.

찬가지로 그녀는 예술가 집안 출신이 아니었다(그녀의 아버지는 직조공이면서 양조장 주인이었다). 그녀는 가업인 직조 일의 패턴 디자인 일을 도우면서 미술 공부를 시작하게 되었을지도 모른다. 아니면 아버지가 1624년에 파산하자 생계를 돕기 위해 미술을 시작했는지도 모른다. 원래의 동기가 무엇이었든, 그녀의 재능은 누구도 부인할 수 없는 것이었다. 라이스터의 초상화는 인기가 좋았으며, 음악 연주자나 궁중의 어릿광대나 술꾼에 대한 그녀의 거침없는 묘사는 매우 유명했다. 1620년대 말의 한 출판물에서는 라이스터를 "훌륭하고 예리한 감각으로 그림을 그리는" 화가라고 표현했다.

안나 데 로이테르는 노제만이나 슈르만이나 라이스터보다는 훨씬 더 전통적인 삶을 살았다. 집안일을 돌본 뒤에 그녀는 밖으로 나가서 장을 보곤 했다. 그녀는 막 세탁을 한 앞치마를 두르고, 모자를 제대로 썼는지 확인한 다음, 날이 쌀쌀하면 '호이크(huik)'라는 모자 달린 길고 검은 외투를 걸쳤다. 안나의 질녀와 딸은 이렇게 구식인 옷을 좋아한다고 그녀를 놀렸을지도 모른다. 노동자 계급이 아닌 이상 그런 옷을 입는 경우는 거의 없었기 때문이다. 이런 조롱에도 안나는 끄떡도 하지 않았다. 또 그녀는 이 옷이 블리싱겐의 부둣가에서 입고 다니는 데 문제가 없었다면 암스테르담에서도 문제가 없다고 생각했던 것이다.

그녀는 장바구니를 팔에 걸고 혼자 나가기를 좋아했다. 살 것이 많을 때면 그녀는 가정부 하나를 데리고 나가기도 했다. 외국 친구들은 제독의 부인이 직접 장을 보러 다니는 모습을 보고 매우 놀랐을 것이다. 물론 그녀도 자기네 나라에서는 사회적 지위가 있는 부인이 시내에서 그토록 자유롭고 수수하게 돌아다니는 경우는 절대 없다는 외국 친구들의 이야기를 듣고서 그들보다 더욱 놀랐을지도 모른다. 네덜란드 사람들은 공화국 여성들이 그만한 자유를 누릴 수 있는 이유가 지역 공무원들이 부지런히 순찰을 해서 길거리가 그만큼 안전하기 때문이라는 사실에 자부심을 가질 수 있었다.

안나는 도시의 심장부인 바르무슈트라트를 따라 최고급 바이에른 도자기, 이탈리아 마욜리카 도자기, 리옹에서 온 실크, 동양의 근사한 자개 상이 가득한 200여 개의 상점을 지나갔다. 이들 품목 중 일부는 로이테르의 집으로 가기도 했을 것이다. 로이테르가 승진을 거듭한 여러 해 동안 그의 집은 점점 물건이 늘어났고, 이 부부는 아끼던 벨벳 안락의자를 포함하여 비싼 가구류를 점점 많이 사들였다.

안나는 부산한 담 광장에 다가갈수록 상인들이 외치는 소리와 코를 자극하는 달달한 건포도·호밀빵·향신료·청어 등의 냄새를 맡을 수 있었다. 이곳

상인들과 농부들, 터번을 둘러쓴 동양의 상인들, 검은 옷을 입은 귀족들이 암스테르담에서 가장 붐비는 중앙 광장인 담을 지나다니고 있다. 1656년에 그려진 이 그림은 공사 뒤 모습을 드러낸 청사 건물과 당시 커지고 있던 시 재정에 걸맞은 바로크 건축물들을 묘사하고 있다. 하지만 이러한 네덜란드의 황금시대는 불과 20년 만에 퇴조하기 시작한다.

에서 그녀는 가족에게 먹일 음식을 샀다.

로이테르 집의 저녁식사는 하늘이 주신 것에 대한 감사기도로 시작되었다. 로이테르가 집에 있을 때면, 그는 대개 훌륭한 프랑스 포도주나 스페인 포도주를 맛보고, 가족들과 함께 찬송가를 한 차례 부른 다음, 여성들이 바느질을 하는 동안 성경을 크게 소리내어 읽어주었다. 몇몇 이웃들은 저녁 시간에 카드놀이를 하거나, 주사위 도박을 하거나, 최근에 발간된 노래책에 나오는 노래로 손님들을 즐겁게 해주며 보내곤 했는데, 로이테르 부부에게는 그런 오락이 천박해 보였다.

제독이 얼마나 경건한 사람이었던지, 한 오랜 친구는 그를 "모든 기독교 미덕의 거울"이라고까지 했다. 그는 안식일인 일요일 하루뿐만 아니라 일주

191

일에 몇 번씩 교회에 가서 정신을 고양시키는 훌륭한 설교를 듣는 것을 즐겼다. 가치 있는 대의에는 후하게 기부를 했다. 그는 암스테르담에 있는 동안에도 가난한 사람들의 고통을 덜어주기 위해 고향인 블리싱겐에 계속해서 돈을 보냈다.

그가 바다에서의 임무로 몇 달을 나가 있는 동안에도 집 안의 모든 것은 그를 중심으로 흘러갔다. 그를 그리워한 안나는 지도 제작자인 요안 블라우에게 멋진 새 지도책을 만들어달라고 하여, 근사하게 장식된 페이지를 뒤적이며 남편이 지금 어느 바다를 항해하고 있는지 알아보곤 했다. 그녀는 자기 집의 방들을 걸어다니다가 남편이 방문했던 곳이나 해전을 치른 항구를 함께 그린 초상화들을 보면서 상념에 잠기곤 했다. 떨어져 있는 고통을 덜기 위해 부부는 계속해서 편지를 주고받았다. 이러한 습관으로 인해 안나는 1672년 9월의 그 괴로운 날, 군중의 분노로부터 집과 가족과 남편의 명성을 구할 수 있었던 것이다.

그녀가 그렇게 한 것은 모두를 위해서도 행운이었다. 네덜란드 해군은 미키엘 데 로이테르의 지휘 아래 번영을 누렸다. 연이어 패전한 프랑스와 영국 함대들은 속속 네덜란드 해안을 떠났다. 빌렘 3세의 지휘를 받은 육군도 잘 싸웠다. 1674년에 영국은 싸움에서 물러났다. 아직도 전쟁이 한창인 곳이 많았지만 몇 달이 안 되어 프랑스도 연합주에서 물러나야 했다.

2년 뒤인 1676년, 로이테르는 프랑스와의 해전에서 심한 부상을 입고 1주일 만에 숨졌다. 그의 동포들은 그에 대해 나라를 구한 인물 중 하나인, 진정한 '대양의 공포'이자 '바다의 헤라클레스'라며 칭송을 했다. 그의 운구 행렬(5시간 동안의 행렬이었다)에 참석하기 위하여 나라 구석구석에서 수많은 사람들이 참석한 가운데 장례식이 거행되었다. 나라의 유명한 시인들이 장례 고별시를 읊는 동안 항구에 있던 범선에서는 24번의 예포가 울려퍼졌다.

하지만 깊은 애도의 기간 동안에도 안나 데 로이테르는 쉬지 않고 집안일을 했다. 남편의 시신이 매장되기 전, 오라녜 공은 공식적인 애도의 뜻을 전하기 위해 콘스탄틴 호이헨스를 그녀의 집으로 보냈다. 하지만 안나는 이 왕의 사절을 맞이할 수가 없었다. 그녀는 몸을 다쳐서 침대에 누워 있어야 했다. 사정을 물어본 호이헨스는 이 과부가 빨래를 널다가 미끄러져 떨어졌다는 이야기를 들었다.

1678년, 마침내 프랑스와 평화조약을 맺게 되었지만, 지난 몇 년은 네덜란드에게 하나의 전환점이 되었다. 독보적인 번영을 누리던 이 나라는 그때부터 서서히 퇴조하기 시작했던 것이다. 영국 제임스 왕의 딸 메리 스튜어트와 결혼했던 빌렘 3세는 아내와 함께 섬나라를 통치하게 되어, 결국 빌렘은 영국과 동맹하게 되었다. 네덜란드의 경제는 쇠퇴하면서 화려했던 명성을 잃어갔다. 이제 네덜란드는 더 이상 번영의 정점에 있지 않았다.

하지만 17세기 동안 네덜란드는 미술, 과학, 사업, 그리고 오랫동안 지속되었던 정부에 많은 유산을 남겼다. 암스테르담과 연합주가 전세계에 알려지던 시대는 그들의 황금시대로 불려지게 되었다.

| # 대단히 사랑받던 네덜란드의 아이들

네덜란드의 부모들은 자녀에게 너무 애정을 퍼부어서, 아메리카로 건너가기 전에 이 나라에 들른 영국 청교도들은 그들이 "키스와 포옹을 너무 많이 한다"며 불평했다. 하지만 외국인들이나 엄격한 칼뱅주의자들로부터 이렇듯 아이들을 망친다는 소리를 들으면, 네덜란드 인들은 흔히 "코를 베려다가 얼굴을 망쳐버린다"고 대답하곤 했다.

이러한 습성은 아이가 태어나는 순간부터 시작되었다. 네덜란드에서는 한 아이가 태어나면 친척과 이웃들이 모여 아이의 탄생을 축하하며 향료가 가미된 포도주를 마셨다. 깃털 달린 비단 모자를 쓴 아버지는 문에다 레이스 달린 장식을 달아 아이의 출생을 알렸다. 그러면 온 지역사회가 아이의 탄생을 축하하면서 그 집의 특정한 의무나 세금을 면제해주었다.

아무리 부유한 집이라도 네덜란드 여성들은 유모에게 맡기지 않고 자신이 직접 젖을 먹였다. 아이가 있는 집에서는 대개 엄마가 젖을 먹일 때 사용하는 짚으로 만든 수유의자가 있었다. 엄마가 아프거나 죽으면 유모를 고용하곤 했는데, 그녀 또한 반드시 집 안에서 살도록 했다.

부모들은 자녀 양육에 대단한 관심을 쏟았으며, 17세기 네덜란드의 유명한 소아 전문의인 스테파누스 블랑카르트는 부모들에게 현명한 조언들을 많이 해주었다. 그는 아이에게 싱싱한 과일과 채소가 든 영양식을 주라고 당부했다. 배변 훈련은 너무 일찍 시작해서는 안 되며, 적당한 때가 되면 소아용 변기를 재미있는 놀이처럼 사용할 수 있게 해주어야 한다고 했다. 훈육에 관하여, 부모는 가급적 회초리를 쓰지 않고 "부드럽게 타일러서 아이가 더 나은 방법을 생각할 수 있도록" 해야 한다고 권고했다.

프란스 할스의 초상화에 나오는 이 건강한 아이는 뻣뻣한 레이스 모자와 깃을 걸치고도 아주 즐거운 표정을 짓고 있다. 네덜란드 아이들은 부담스러운 옷 속에 뼈가 뒤틀리지 말라고 코르셋을 입기도 했다.

한 엄마가 토탄을 태워서 덥히는 이동용 화로에 발을 얹고 아기에게 사랑스럽게 젖을 먹이고 있다. 그 사이 더 큰 아이는 애견에게 먹이를 주고 있다. 평온한 가정을 묘사한 피에테르 데 호흐의 이 그림은 마돈나와 아기를 연상시키면서 네덜란드의 이상을 나타내주고 있다.

방금 닦은 바닥에 서 있는 이 장난스러워 보이는
아이는 콜프 채를 들고 있으며, 바깥에는 친구가
기다리고 있다. 아이, 어른 할 것 없이 인기가 좋
았던 콜프는 골프의 원형이 된 놀이였다.

신이 난 아이들이 '롬멜 포트'를 연주하는 남자 주변에 모
여 즐거워하고 있다. 물을 약간 채운 토기에 돼지 방광을
펴서 만든 이 악기는, 방광에 난 구멍에 갈대 대롱을 오르
내리면 돼지의 꽥꽥 소리 비슷한 것이 들렸다.

| 아이들의 공화국

새벽부터 해질녘까지, 활기찬 네덜란드의 거리들은 온갖 계층의 어린아이들로 붐벼서 마치 제멋대로인 아이들의 공화국 같았다. 네덜란드의 집들은 대체로 작았고, 엄마들은 집이 더러워질까 봐 아이들을 바깥으로 내보냈다. 아이들은 아무리 추운 날씨라도 밖에서 모여 해가 가는 줄도 모르고 정신없이 뒤엉켜 놀았다. 연, 굴렁쇠, 목마, 북, 장난감 풍차, 줄넘기, 죽마, 구슬, 나팔 등 놀 거리는 매우 많았다. 학교가 끝날 때쯤이면 더 큰 아이들이 합세했다. 까막잡기, 등 짚고 넘기, 숨바꼭질, 공기놀이 등 온갖 종류의 놀이가 아이들의 상상력을 자극했다.

이런 놀이가 시시해질 때면 아이들은 돌아다니는 개나 고양이, 또는 어른들을 괴롭혔다. 아이들의 노는 것을 지켜보던 어떤 사람은 아이들에게 놀림이나 돌팔매를 당하기도 했다. 이상한 복장 때문에 장난의 주요 표적이 되었던 외국 방문객들은 아이들의 무례함과 버릇없음을 탓하는 글을 남기기도 했다. 지역의 교회들은 일요일 예배 때 밖에서 공을 차는 아이들 때문에 골치였다. 하지만 아이들을 너무 사랑한 네덜란드 부모들은 당대 도덕가의 이러한 조언에 찬성을 했다. "아이들에게 너무 고삐를 죄어서는 안 되며, 아이들의 아이다움을 발휘하도록 허용해주어야 한다. …그렇지 않으면 아이들은 배움이 무엇인지를 알기도 전에 배움을 거부하게 된다."

어느 가족 초상화의 세부인 이 그림을 살펴보면, 두 자매가 과일을 먹고 있는 동안 남자아이는 방금 오른쪽에 있는 여동생을 할퀸 고양이의 꼬리를 장난스럽게 집어들고 있다.

...각 벌을 주려고 하고 있지만, ...이 지친 학교장은 어린 신사 숙녀들이 일으킨 무질서를 통 제할 수 없을 것 같다. 아이들 ...이 가득 찬 교실이 얼마나 엄 청난 소음을 냈는지, 학교보다 ...는 대장장이의 작업장을 지나... ...는 것이 더 쉽다는 네덜란드 ...속담이 있을 정도였다.

| 배움의 정원

1623년에 홀란트 의회는 "학교가 하느님의 사랑과 법적 권위에 대한 존경심을 어린아이들에게 심어 주는 정원 같아야" 한다고 선언했다. 그래서 개인교사를 둔 부유한 집이나 학비도 대지 못하는 가난한 집을 제외한 대다수의 네덜란드 아이들은 적어도 어린 시절의 몇 년을 교육을 받는 데 보내야 했다.

3세부터 7세 사이의 아이들은 '유아 학교' 에 다니면서 ABC와 주기도문을 배웠으며, 여자아이들은 옷 만들기와 뜨개질을 배웠다. 이러한 기초교육은 거의 통제가 불가능한 혼돈의 상태에서 이루어졌다. 먼지 자욱한 방마다 아이들이 마루를 내달렸고, 교사의 침대가 한구석에 있었다.

7세가 되면 많은 아이들이 '유년 학교' 에 들어갔다. 교과 과정은 종교사, 읽기, 쓰기 그리고 (상업 경제에서 가장 필수적인) 대수로 이루어졌다. 하지만 여학생들은 흔히 쓰기를 배우기 전에 학교 교육을 그만두었고, 많은 남자아이들도 도제수업을 받기 위해 학교를 떠났다. 남은 아이들은 일률적으로 5년 동안 교육을 받았다. 해마다 330일 동안 학동들은 교장의 책상으로 몰려가서 배운 것을 암송해야 했고, 그를 화나게 만든 아이들은 혼쭐이 났다. 채찍이나 몽둥이로 벌을 받는 일은 효과적이지는 않았어도 흔한 일이었다.

교사들은 대단히 낮은 보수를 받았고, 흔히 자질이 부실한 사람이 많았다. "자기 이름도 제대로 못 쓰는 사람들이 학교 선생 노릇을 하겠다고 달려오곤 했다"며 한 교장은 불평했다. 하지만 결과적으로 그들은 네덜란드의 교육을 꽤 친숙한 것으로 만드는 데 기여하여, 이 나라는 유럽에서 문맹률이 가장 낮았다.

한 화가가 아들에게 섬세한 데생을 가르치는 동안 아내는 다른 펜을 날카롭게 다듬고 있다. 8세밖에 되지 않는 아이들도 (심지어 자기 아버지인) 장인의 도제가 되기도 했다.

| 아이들의 연휴를 축하하다

칼뱅주의에서 가톨릭의 명절을 공적으로 규제했음에도 불구하고 많은 네덜란드 가정은 아이들이 특별히 좋아하던 두 날만은 계속해서 기념했다. 그것은 오순절과 성 니콜라스 축일이었다. 오순절은 봄을 반기는 이교도 전통인 5월 제를 기념하는 종교축제를 혼합한 것이었다. 5월제 신부라는 뜻인 '핑크슈테르브로이트(pinksterbruid)'가 이끄는 아이들의 행렬이 신나게 노래를 부르며 길거리를 돌아다녔다. 이 신부는 하얀 가운을 입고 컵을 들고 다녔는데, 구경 꾼들은 이 컵에 동전을 넣어주었다. 이 축제에는 꽃장식이 된 5월제 기둥 주위를 춤을 추며 도는 행사가 있었다.

성 니콜라스 축일은 집 안에서 지내는 날이었다. 12월 5일이 되면 벽난로 옆에 신발을 두고 그 성인에게 노래를 불렀다. 그러면 성인이 굴뚝을 타고 내려온다고 생각한 것이다. 다음날 아침이면 가족들은 흥분으로 들썩들썩했다. 때때로 바닥에 캔디 같은 것이 흩어져 있곤 했던 것이다. 아이들은 그것이 굴뚝에서 내려온 것으로 철석같이 믿으며 매우 좋아했다. 착한 아이들은 신발에서 먹을 것과 선물을 발견하기도 했다. 이 선물이란 대개 성인의 모습을 한 생강 빵과 세례자 요한 인형이었다. 말 안 듣는 아이들은 볼기를 칠 회초리를 선물로 받기도 했다.

꼬마 여자아이가 선물로 받은
새 인형과 먹을거리가 든 들통
을 보여주지 않으려고 피하고,
골프 채를 선물받은 오빠는 자
기보다 큰 형이 자작나무 회초
리를 받고서 우는 모습을 보며
웃고 있다. 부모는 큰아이가
회초리를 받을 만하다고 여기
고 있는지 모르지만, 뒤에 서
있던 할머니로 보이는 여성이
아이를 향해 커튼이 쳐진 침대
쪽으로 오라고 손짓하고 있다.
아마 따로 준비해둔 선물을
줄 모양이다.

왼쪽 그림에서 종이로 만든
왕관과 바지 앞에 하얀 앞치마
를 두른 한 소년이 핑크슈테르
브로이트 복장을 하고 있다.
한 여자가 소년의 옷자락을
들어주는 시늉을 한 채 지나가
는 행렬을 보던 한 남자가
동전을 넣어주려 하고 있다.
방긋 웃고 있는 한 아이는
5월제의 꽃인 '핑크슈테르블
롬'을 흔들고 있다.

거지들(Beggars) 1566년에 네덜란드 섭정이던 파르마의 마르가레테에게 청원을 했던 약 200명의 프로테스탄트 및 가톨릭 소장 귀족들에게 붙여진 이름. 이들은 국가회의 소집, 이단 칙령 및 종교재판의 유예, 종교적 관용의 제도화를 요청했다.

공국(公國, Duchy) 공작이나 공작부인의 영지.

공기놀이(Knucklebone) 전세계의 어린이들이 아주 옛날부터 해오던 놀이. 규칙이나 재료는 다양했으나, 대체로 돌이나 뼈나 씨앗 같은 것들을 공중으로 던진 다음 그것들이 땅에 떨어지기 전에 가능한 한 많이 잡아내는 놀이이다.

공작(Duke) 군주 다음으로 가장 높은 귀족. 유럽 독립 공국의 주권을 가졌던 남성.

교황의 사절(Papal nuncio) 민간 정부에 영구히 파견한 황제의 고위 사신.

구빈원(救貧院, Almshouse) 개인 기부자들이 돈을 댄 가난한 사람들을 위한 집.

길더(Guilder) 전에는 독일 여러 지역과 네덜란드에서 쓰이던 다양한 금화. 오늘날에는 네덜란드의 통화 단위.

길드(Guild) 기능인, 장인, 상인 등이 상품, 공예품, 서비스를 조직하고 규제하고 제한하기 위해 만든 협회. 이들은 중세 및 르네상스 시기 도시들의 정치 및 시민 활동에 활발하게 참여했다.

나포 면허장(Letters of marque) 국가나 자치정부 같은 정체에서 발행한 문서로서, 민간인이 다른 나라의 재산이나 시민을 체포하거나, 적을 제압하기 위해 배를 무장하고 운영할 수 있도록 한 증서.

낮은 땅(Low Countries) 오늘의 벨기에, 네덜란드, 룩셈부르크, 그리고 프랑스 북부 일부로 이루어졌던 유럽 북서 지역.

네덜란드(the Netherlands) 종교개혁기에 오늘날의 홀란트, 벨기에, 룩셈부르크, 프랑스 일부가 이루고 있던 17개 지방.

란츠크네히테(Landsknechte) 독일의 용병.

마욜리카 도자기(majolica) 희고 투명한 표면에 디자인을 그려넣은 은빛 도자기. 고대부터 쓰였지만 15세기 이탈리아에서 유명해졌다. 비슷한 도자기가 프랑스·스페인·독일에서는 파양스(faience)로 알려졌고, 네덜란드에서는 델프트(delft)로 알려졌다.

면죄부(Indulgence) 로마 가톨릭 신앙에서, 고해성사 때 사제가 부과하는 참회를 다하지 못한 사람이 죽어 연옥에 가서 죄과를 치를 기간을 교회가 면제해주는 증서.

명암법(Chiaroscuro) 회화 작품에서 빛과 그림자를 표현하는 기법.

바다의 거지들(Sea Beggars) 1568년에 나사우의 루이스가 조직한, 귀족·상인·어민·깡패 등의 열성 반가톨릭 승무원들로 이루어진 30여 척의 작은 배들. 이들은 오라녜 공 빌렘의 나포 면허장을 들고서 영국 해협에 출몰하며 스페인 배들을 공격했으며, 네덜란드 해안을 약탈했다.

바로크(Baroque) 16세기 후반부에 이탈리아에서 시작되어 유럽 대부분의 지역으로 퍼져나간 미술 및 건축 양식. 웅장, 풍요, 드라마, 활력, 디자인의 복잡성이 특징이었다.

방랑기(Wanderjahre) 문자 그대로 '방랑의 세월'. 젊은 기능인이 장인을 찾아 이곳저곳의 유명한 작업장을 찾아다니는 몇 년의 시간을 말한다.

백작(Count) 유럽 귀족 중에서 후작 바로 아래의 지위.

버지널(virginal) 하프시코드 비슷하게 생겼지만 사각형 모양이고 다리가 없는 작은 건반악기.

벨덴슈토름(Beeldenstorm) 1566년에 교회의 종교적 가르침뿐만 아니라 교회의 경제 및 정치 관행에 대한 반발로 네덜란드 17개 지

방 전역에서 일어난 하층민들의 반란, 그리고 로마 가톨릭 교회 및 수녀원에 대한 신성모독.

보름스 의회(Diet of Worms) 1521년 4월에 독일의 보름스에서 열린 신성 로마 제국의 독일 영지들의 회합. 여기서 마르틴 루터는 자신의 가르침을 철회하라는 명령을 거부했으며, 보름스 칙령에 따라 제국의 법익을 박탈당하게 되었다.

보름스 칙령(Edict of Worms) 마르틴 루터를 이단으로 규정하여 신성 로마 제국 내에서의 법익을 박탈하고, 그의 설교 행위를 금지하고, 그의 저작물에 대한 복사·인쇄·판매·소지를 금지한 법령.

보이젠(Buizen) 돛이 셋 달린 긴 청어잡이 배의 네덜란드 이름. 두 돛은 낮추어서 바람의 저항과 좌우 흔들림을 줄이고, 갑판에서의 그물 다루기나 생선 처리 작업을 원활하게 해주었다.

보호령(Protectorate) 국제법에서 한 자치 정체가 영토의 일부를 보호를 대가로 힘이 더 센 정체에게 넘겨준 곳.

복음주의자(Evangelical) 1529년 이전에 독일 및 스위스에서 일어난 종교개혁 운동가에 붙여진 이름. 그 이후에는 프로테스탄트라는 이름이 쓰였다. 구원이란 그리스도에 대한 신앙을 통해 직접 얻을 수 있는 것이지, 성사(聖事)나 선행을 통해 가능한 것이 아니라고 믿는 기독교인.

부어스(Bourse) 일부 유럽 대륙 국가의 증권거래소. 이곳에서는 주식과 증권이 거래되었으며, 초기에는 다른 종류의 금융 및 무역 거래가 일어났다.

북아프리카 해적(Barbary pirate) 알제리, 튀니지, 트리폴리, 모로코를 포함한 북아프리카의 바르바리 해안에 출몰하던 여러 무리의 해적들. 이들은 16세기부터 19세기까지 지중해에 출몰하면서 화물을 약탈하고, 선원이나 승객을 붙잡아서 몸값을 받아내거나 노예로 팔아넘기는 짓을 해서 인근 해역을 지나다니는 선박들에게 공포의 대상이 되었다.

분트슈(Bundschuh) 농민들이 신었던 신발. 처음에는 15세기 중반에 농민 반란의 상징으로, 그 뒤엔 다시 1524~1525년의 엄청난 농민 봉기의 상징이 되었다.

사략선(私掠船, Privateer) 전시에는 적의 전함이나 상선, 평화시에는 해적의 배들을 약탈하고 나포하고 침몰시킬 수 있는 권한을 정부로부터 받은 민간 무장선.

석궁(石弓, Crossbow) 보통 활 및 화살과 비슷해 보이지만 그보다 더 강력한 무기. 나무나 금속으로 만든 지지대에 홈이 있어서 목표물에 활이나 다른 발사체를 유도하게 되어 있었다.

선제후(Elector) 1356년부터 1806년까지, 신성 로마 제국 황제를 선출하는 데 참석할 권한이 있었던 7인의, 나중에는 10인의 군주와 대주교.

섭정(Regent) 군주가 미성년이거나, 부재 중이거나, 무능한 상태일 때 그를 대신해서 통치하는 사람. 암스테르담에서는 시의회 소속 36명의 공민에게 집단적으로 일컫는 명칭이었다.

수유의자(Bakermat) 네덜란드의 아기 엄마나 유모가 아기에게 젖을 먹일 때 쓰던 짚으로 짠 의자.

슈말칼덴 동맹(Schmalkaldic League) 1531년에 프로테스탄트 제후들과 신성 로마 제국 내부 예닐곱 개 도시들이 가톨릭 교도인 황제의 루터 파 교회에 대한 공격을 방어하기 위해 결성한 동맹.

슈타이버(Stuyver) 니켈로 만든 주화. 한때 네덜란드에서 쓰였으며, 네덜란드의 5센트에 해당하는 돈이었다.

시장(Burgomaster) 독일 및 네덜란드의 시장이나 행정장관. 이들의 임무와 권한은 다양했으나, 주로 해당 지역의 행정을 담당했다.

신성 로마 제국(Holy Roman Empire) 962년에 오토 1세의 대관식이 있으면서부터 1806년까지 존재했던, 주로 독일계의 느슨한 연방을 이루고 있던 정체(政體). 공작령, 백작령, 도시, 공국과 같은 정

치적 관계들이 얽혀 있었다.

아우크스부르크 신앙고백(Augsburg Confession) 루터가 1530년 6월 25일에 아우크스부르크 의회에서 황제인 카를 5세에게 했던 신앙고백. 오늘날에도 루터 교회에서 사용하고 있는 이 신앙고백은 처음 21개 조항에 루터의 핵심 교리를 제시하고 있다. 마지막 7개 조항에서는 가톨릭 교의 일부가 되어버린 체계적인 폐습을 상세히 기술하고 있다.

에칭(Etching) 금속 같은 딱딱한 표면에 그림을 새겨넣고 염산으로 부식시켜 이미지를 얻어내는 행위나 작품. 또는 그러한 표면을 찍어낸 판화.

연옥(Purgatory) 로마 가톨릭 교회에서, 은총의 상태에서 죽기는 했으나 뉘우치지 못했거나 죗값을 다 치르지 못한 경미한 죄를 저지른 사람이 천국으로 인도되기 전에 죗값을 치르는 중간 지점이나 상태.

영지(Seignory) 영주제 내에서 한 제후의 영역. 큰 영토일 수도 있었고, 자급할 수 있도록 조직한 작은 시골 지역일 수도 있었다.

예정설(Predestination) 개인 영혼에 대한 구원이나 저주를 포함한 모든 것들이 하느님에 의해 미리 결정되어 있다는 교리.

울타리 설교(Hedge preaching) 시골 들판에서 이루어진 예배.

융커(Junker) 부유하고 거만했던, 특히 독일 북동부 지방의 귀족. 또는 돼먹지 못한 귀족 젊은이.

은필화(Silverpoint) 은으로 끝을 댄 펜 같은 기구와 특별히 준비한 종이나 양피지를 이용한 데생 기법.

제국의회(Imperial Diet) 12세기부터 1805년까지 열리던 신성 로마 제국의 총회. 해마다 제국 내의 다른 도시에서 열렸다.

제후(Lord) 봉건사회에서 서열이 높았던 사람, 특히 왕이나 귀족이나 부유한 지주를 일컬었다. 또는 농민에게 가축(그리고 때에 따라 땅도)을 빌려주고 노동과 군역을 포함하여 약정한 상품 및 서비스를 돌려받았던 사람.

종교재판(Inquisition) 1231년에 로마 가톨릭 교회가 이단과 마법의 죄를 범하는 사람을 잡아들여 벌주기 위해 만든 교회 재판. 나중에는 불경과 신성모독을 저지른 사람들에게까지 확대되었다.

중산층(Burgher) 독일 및 네덜란드 도회 지역의 중산층. 그중에서 특히 부유한 사람들.

참회(Penance) 로마 가톨릭 교회에서 회개, 사제에게 하는 고해, 징벌에 대한 용인, 사면으로 이어지는 성사. 이 중 하나는 루터가 버리지 않았지만, 복음주의에서는 죄인이 하느님의 은총에 대한 자신의 믿음에 따라 용서를 성직자뿐만 아니라 평신도에게서도 구할 수 있도록 했다.

초입세(初入稅, Annate) 원래 고정된 연봉을 보장받는 자리에 임명된 성직자가 교황청에 내던 세금. 15세기에는 주교 자리나 수도원장 같은 고위직의 '첫 수확', 즉 첫해 수입 전부를 포함하는 것이었다.

케르미스(Kermis) 네덜란드에서 해마다 야외에서 열리던 지방의 장날이나 축제. 대개 지역 수호성인의 축일이나 지역 교회의 헌당 기념일에 열렸다.

콜프(Kolf) 네덜란드에서 인기가 있었던 골프 비슷한 놀이.

탈러(Thaler) 1519년부터 1873년 사이에 독일 여러 지역에서 쓰인 다양한 은화.

통장이(Cooper) 나무로 만든 상자나 통을 만드는 사람.

파문(Excommunication) 한 사람이나 도시나 국가가 교회 울타리 내에서 갖는 권한을 박탈당하는 교회 내부의 견책.

플로린(Florin) 1252년 이탈리아 플로렌스에서 처음으로 주조된 중세의 금화. 또는 플로렌스 주화와 비슷한 여러 종류의 금화.

플로이트(Fluit) 네덜란드에서 개발한 화물선. 건조 비용과 운영비가 싸고, 일반적으로 무장을 하지 않은 배였다. 선체 바닥이 넓어서 200~500톤의 짐을 나를 수 있었으며, 영국 화물선에 비해 3분의 1 정도의 승무원만으로도 항해가 가능했다.

행정관(Magistrate) 법을 관할하고 집행하는 권한을 가졌던 공직자. 제한된 사법권을 가지고 있었지만, 경미한 사건의 경우 심문과 재판을 할 권한을 가지고 있었다.

행정장관(Stadholder) 15세기부터 18세기 사이, 네덜란드의 지역 최고 행정 책임자.

황제의 교서(Papal bull) '불라(bulla)'라고 하는 둥근 납 인장으로 봉한 황제의 공문 서신.

옮긴이 _ 이한중 연세대학교 경영학과를 졸업했으며, 현재 전문 번역가로 활동하고 있다. 옮긴 책으로는 《울지 않는 늑대》《동물원의 탄생》《지구를 입양하다》《신의 산으로 떠난 여행》《핸드메이드 라이프》《강이, 나무가, 꽃이 돼 보라》 등이 있다.

What Life Was Like 유럽의 황금기

초판 1쇄 펴낸 날 _ 2005. 4. 20

지은이 _ 타임라이프 북스
옮긴이 _ 이한중
펴낸이 _ 이광식
편 집 _ 곽종구 · 오경화 · 김지연   영 업 _ 박원용 · 조경자
펴낸곳 _ 도서출판 가람기획   등 록 _ 제13-241(1990. 3. 24)
주 소 _ (121-130)서울시 마포구 구수동 68-8 진영빌딩 4층
전 화 _ (02)3275-2915~7   팩 스 _ (02)3275-2918
전자우편 _ garam815@chollian.net   홈페이지 _ www.garambooks.co.kr

ISBN 89 - 8435 - 185 - 7 (04900)
      89 - 8435 - 172 - 5 (set)
ⓒ 가람기획, 2005

What Life Was Like In Europe's Golden Age
Edited by Denise Dersin
Original copyright ⓒ 1999 by Direct Holdings Americas Inc.
Korean translation copyright ⓒ 2005 by Garam Publishing Co.
This Korean edition was published by arrangement
with Direct Holdings Americas Inc.
through Best Literary & Rights Agency, Korea
All rights reserved.

이 책의 한국어판 저작권은 베스트에이전시를 통한
원저작권자와의 독점계약으로 도서출판 가람기획이 소유합니다.
신저작권법에 의하여 한국 내에서 보호를 받는 저작물이므로
무단전재와 무단복제를 금합니다.

* 값은 뒤표지에 있습니다.
* 잘못된 책은 구입한 서점에서 바꿔드립니다.

* 서점에서 책을 살 수 없는 독자들을 위해 우편판매를 하고 있습니다.
  수 협 093-62-112061(예금주:이광식)
  농 협 374-02-045616(예금주:이광식)
  국민은행 822-21-0090-623(예금주:이광식)